DÉCISION MINISTÉRIELLE

DU 17 JANVIER 1895

DÉTERMINANT LA

TENUE DES OFFICIERS

ET DES

TROUPES EN CAMPAGNE

(Extrait du *Journal militaire*, 1er semestre 1895, n° 3.)

PARIS

LIBRAIRIE MILITAIRE DE L. BAUDOIN

IMPRIMEUR-ÉDITEUR

30, Rue et Passage Dauphine, 30

1895

DÉCISION MINISTÉRIELLE

DU 17 JANVIER 1895

DÉTERMINANT LA

TENUE DES OFFICIERS

ET DES

TROUPES EN CAMPAGNE

MARÉCHAUX DE FRANCE, GÉNÉRAUX DE DIVISION ET DE BRIGADE, INTENDANTS GÉNÉRAUX ET MÉDECIN INSPECTEUR GÉNÉRAL, INTENDANTS MILITAIRES, MÉDECINS ET PHARMACIENS INSPECTEURS (*Activité, disponibilité et cadre de réserve*).

DÉSIGNATION de LA TENUE.	COMPOSITION DE LA TENUE.	OBSERVATIONS.
Tenue de campagne...	Képi. Dolman-pelisse. Culotte de drap avec bottes (1) et (2). Manteau et collet à capuchon de drap ou de caoutchouc. Sabre ou épée avec fourreau en acier nickelé. Dragonne de cuir. Revolver (3). Gants de couleur (4). Jumelle. **Harnachement.** Bride complète en cuir fauve. Selle en cuir fauve et sacoches avec sabots de métal. Couvre-sacoches en peau de tigre avec galon garance. Tapis en drap garance. Bissac de campagne (5). Musette-mangeoire.	(1) **Jambières de drap et pantalon.** — L'usage de la culotte avec jambières de drap et celui du pantalon sont autorisés dans les mêmes circonstánces qu'en temps de paix. (2) **Jambières de cuir.** — Les officiers généraux et assimilés sont autorisés à faire usage de jambières en cuir noir avec des brodequins et des éperons à la chevalière. (3) Porté dans son étui ou placé dans les sacoches. (4) En peau de chien de nuance rouge brun. (5) L'usage du bissac est facultatif. NOTA. — Les officiers généraux attachés au service d'état-major portent, en outre des aiguillettes, le brassard distinctif du service, ainsi que l'insigne spécial déterminé pour le collet à capuchon.

C.

OFFICIERS SANS TROUPE. (*Service d'état-major, corps et services particuliers.*)

DÉSIGNATION DES EFFETS OU OBJETS. — DÉSIGNATION DES CORPS OU SERVICES.

SERVICE D'ÉTAT-MAJOR. 1° Officiers hors cadre du service d'état-major et attachés militaires.	2° Officiers brevetés ou non, détachés dans le service d'état-major et officiers d'ordonnance.	CORPS du contrôle de l'administration de l'armée.	CORPS de l'intendance. — (Intendants généraux et intendants militaires exceptés.)	CORPS DE SANTÉ. (Médecins et pharmaciens à l'exception de l'inspecteur général et des inspecteurs.)	VÉTÉRINAIRES militaires.	ARCHIVISTES des bureaux de l'état-major.	OFFICIERS d'administration du service de l'intendance et du service de santé, officiers d'administration et adjudants du service de la justice militaire.	INTERPRÈTES militaires.
Tenue de campagne de l'armee ou de la subdivision d'arme à laquelle appartient l'officier. (Le numéro du corps, la grenade et les attributs distinctifs de chaque arme sont remplacés par des foudres au collet.) Ces officiers portent, en outre des aiguillettes, le brassard distinctif du service d'état-major, ainsi que l'insigne spécial déterminé p' le collet à capochon.	Tenue de campagne des officiers montés du corps auquel ils appartiennent. Ces officiers portent, en outre des aiguillettes, le brassard distinctif du service d'état-major, ainsi que l'insigne déterminé pour le collet à capochon.	Les contrôleurs chargés de missions portent les tenues du matin et du jour du temps de paix.	Képi. Vareuse. Culotte de drap avec bottes. Manteau et collet à capuchon de drap ou de caoutchouc. Revolver et son étui. Épée ou sabre avec dragonne de cuir. Gants de couleur.	Képi. Vareuse. Pantalon de drap et bottes ou brodequins (pour les médecins et pharmaciens non montés). Culotte de drap avec bottes (pour les médecins montés). Manteau et collet à capuchon de drap ou de caoutchouc. Revolver et son étui. Épée avec dragonne de cuir (pharmaciens), sabre avec dragonne de cuir (médecins). Gants de couleur. Giberne avec trousse.	Képi. Culotte de drap avec bottes. Manteau et collet à capuchon de drap ou de caoutchouc. Revolver et son étui. Sabre avec dragonne de cuir. Gants de couleur.	Képi. Vareuse. Pantalon de drap. Bottes ou brodequins. Capote et collet à capuchon de drap ou de caoutchouc. Revolver et son étui. Épée sans dragonne. Gants de couleur.	Képi. Vareuse. Culotte de drap avec bottes pour les officiers montés. Pantalon et bottes ou brodequins pour les officiers non montés et les adjudants de la justice militaire. Manteau et collet à capuchon de drap ou de caoutchouc (capote pour les adjudants de la justice militaire). Revolver et son étui. Épée sans dragonne (sabre sans dragonne pour les adjudants de la justice militaire). Gants de couleur.	Képi. Chéchia facultative pour les interprètes israélites ou musulmans. Dolman. Pantalon de drap (basané et avec sous-pieds pour les interprètes montés). Bottes ou brodequins (bottes avec éperons pour les interprètes montés). Manteau et collet à capuchon de drap ou de caoutchouc. Revolver et son étui. Sabre avec dragonne en poil de chèvre. Gants de couleur.

HARNACHEMENT.

OFFICIERS OU ASSIMILÉS, EMPLOYÉS MILITAIRES MONTÉS.

Selle et bride complètes.	Étui porte-avoine.
Baudrier porte-sabre.	Bissac de campagne.
Tapis.	Musette-mangeoire.
Couverture placée sous le tapis.	

OBSERVATIONS

CONCERNANT LE PORT DE CERTAINS EFFETS OU OBJETS.

1° **Brassard de la convention de Genève.** — Le personnel neutralisé du service de santé (médecins, pharmaciens, officiers d'administration, aumôniers et officiers du train des équipages attachés à ce service) reçoit un brassard de la convention de Genève.

2° **Brodequins.** — Le port en est autorisé pour les officiers ou assimilés et les employés militaires non montés.

3° **Capote ou manteau et collet à capuchon.** — La capote est portée en sautoir par les officiers et assimilés et les employés militaires non montés; à cheval, le manteau est roulé en deux parties et placé en arrière du troussequin de la selle; le collet mobile sur les sacoches.
Les officiers du service d'état-major (attachés militaires exceptés) portent sur le devant du collet mobile l'insigne distinctif de leur fonction.

4° **Dolman, tunique ou vareuse.** — Les officiers et assimilés et les employés militaires sont autorisés à porter un col blanc avec une cravate en soie noire, au lieu du col blanc fixé à la doublure du collet de l'effet.

5° **Gants de couleur.** — En peau de chien de nuance rouge brun.

6° **Jambières et pantalon.** — L'usage de la culotte avec jambières de drap et celui du pantalon sont autorisés pour les officiers ou assimilés et les employés militaires montés dans les mêmes circonstances qu'en temps de paix. Les officiers ou assimilés et les employés montés ou non montés sont autorisés à faire usage de jambières en cuir noir avec des brodequins munis d'éperons à la chevalière pour ceux de ces officiers ou employés qui sont montés.

7° **Jumelle.** — L'usage de la jumelle est obligatoire pour les officiers et assimilés. Il est facultatif pour les employés militaires.

8° **Munitions.** — Les officiers ou assimilés et les employés militaires emportent en campagne 18 cartouches de revolver; ils placent 12 cartouches dans l'étui de revolver et les 6 autres dans la charge du cheval ou dans la caisse à bagages.

9° **Porte-cartes.** — Les officiers de toutes armes employés dans le service d'état-major, les officiers d'ordonnance, les fonctionnaires de l'intendance et les médecins chefs de service font usage d'un porte-cartes placé sur le côté droit du ceinturon ou sur les sacoches.

10° **Sacoche.** — Les officiers ou assimilés et les employés militaires non montés sont autorisés à faire usage d'une sacoche pouvant se porter indifféremment soit en bandoulière, soit sur le dos comme le havresac.

11° **Paquet de pansement.** — Les officiers ou assimilés et les employés militaires doivent toujours porter, en cas de guerre, un paquet individuel de pansement.

NOTA. — Les dispositions du présent tableau ne sont pas applicables aux officiers des états-majors particuliers de l'artillerie et du génie dont les tenues sont indiquées dans les tableaux de ces armes.

INFANTERIE ET AUTRES TROUPES A PIED
(*armée active et armée territoriale*).
1° Officiers et chefs de musique ; adjudants et assimilés.

Infanterie, chasseurs à pied, zouaves et tirailleurs algériens.

DÉSIGNATION DES EFFETS OU OBJETS.	OBSERVATIONS.
Officiers montés. Képi. Tunique ample (1). Culotte de drap avec bottes (2). Gants de couleur (3). Capote et collet à capuchon (de drap ou de caoutchouc) (4). Revolver et étui (5). Sabre avec dragonne de cuir. Jumelle d'un modèle facultatif. *Harnachement.* Selle et bride complètes. Baudrier porte-sabre. Tapis. Couverture placée sous le tapis. Étui porte-avoine. Bissac de campagne. Musette-mangeoire.	(1) Tous les officiers et adjudants des corps de troupe d'infanterie dans lesquels la troupe fait usage de la capote portent obligatoirement, *en campagne seulement*, la capote en drap gris de fer bleuté du modèle de la troupe, soit par-dessus la tunique ample, soit sans celle-ci. Ils portent ce dernier effet dans toutes les circonstances où la troupe est revêtue de la veste. (2) **Jambières.** — Les officiers montés ou non montés et les adjudants sont autorisés à porter, soit à cheval, soit à pied, avec la culotte ou le pantalon, des jambières en cuir noir avec des brodequins. Ces chaussures sont munies d'éperons à la chevalière pour les officiers montés. Les mêmes officiers et adjudants sont autorisés à faire usage avec la culotte, en dehors du service et dans tout service à pied où le pantalon d'ordonnance peut être porté, de jambières en drap simulant le bas du pantalon. (3) En peau de chien de nuance rouge brun. (4) **Capote et Collet.** — Les officiers et adjudants pourvus d'une capote du modèle de la troupe ne font pas usage en campagne de la capote en drap bleu foncé ; ils emportent le collet à capuchon en drap bleu foncé ou en caoutchouc ; ils peuvent aussi faire usage de la capote en caoutchouc. La capote ou le collet à capuchon est porté en sautoir par les officiers non montés et les adjudants ; à cheval, la capote est roulée contre le troussequin de la selle, sur le prolongement mobile, le collet à capuchon sur les sacoches. (5) Les officiers et les adjudants emportent en campagne 18 cartouches de revolver ; ils placent 12 cartouches dans l'étui de revolver et les 6 autres dans la charge du cheval ou dans la caisse à bagages. (6) Les adjudants élèves d'administration portent l'épée à fourreau d'acier sans dragonne. (7) Les officiers non montés, les chefs de musique et les adjudants ou assimilés sont autorisés à faire usage d'une sacoche pouvant se porter indifféremment, soit en bandoulière, soit sur le dos comme le havresac. (8) L'usage de la jumelle est facultatif pour les adjudants et assimilés.
Officiers non montés et chefs de musique ; adjudants et assimilés (sous-chefs de musique, adjudants élèves d'administration). Képi. Tunique ample (1). Vareuse pour les élèves d'administration. Pantalon de drap (2). Brodequins ou bottes. Gants de couleur (3). Capote et collet à capuchon (de drap ou de caoutchouc) (4). Revolver et son étui (5). Sabre avec dragonne de cuir (en soie pour les chefs de musique) (6). Sacoche (7). Jumelle d'un modèle facultatif (8).	Nota. — Le sifflet est emporté par les commandants de compagnie. Les officiers sont autorisés à porter un col blanc avec une cravate en soie noire, au lieu du col blanc fixé à la doublure du collet de l'effet.
Officiers indigènes des tirailleurs algériens. Chéchia sans turban. Veste avec gilet de petite tenue. Pantalon de drap avec bottes du modèle spécial à ces officiers. Gants de couleur (3). Ceinture de laine. Caban à capuchon. Revolver et son étui (5). Sabre avec dragonne de cuir. Sacoche (7). Jumelle d'un modèle facultatif.	Les officiers, les chefs de musique, les adjudants et assimilés (sous-chefs de musique et adjudants élèves d'administration) doivent toujours porter, en cas de guerre, un paquet individuel de pansement. *Officiers de chasseurs alpins.* — En sus des effets ou objets ci-dessus, les officiers des chasseurs alpins sont autorisés à porter, sous la tunique ample ouverte, un gilet en drap bleu foncé avec boutons métalliques. Ils peuvent faire usage de bandes molletières du modèle de la troupe aux lieu et place des jambières. Ils portent *obligatoirement* en campagne, *facultativement* dans les manœuvres alpines du temps de paix, le béret du modèle de la troupe. Ils doivent être munis d'une canne ferrée et d'une boussole-breloque.

DÉSIGNATION des EFFETS OU OBJETS.	INFANTERIE et CHASSEURS A PIED. H	P	ZOUAVES ET TIRAILLEURS algériens. H	P	SECTION de commis et ouvriers militaires d'administration. H	P	SECTION d'infirmiers militaires. H	P	SECTION de secrétaires d'état-major. H	P
Plaque d'identité avec cordon.	1	»	1	»	1	»	1	»	1	»
Habillement.										
Bandes molletières pour chasseurs alpins....	1	»	»	»	»	»	»	»	»	»
Bâton ferré pour chasseurs alpins........	1	»	»	»	»	»	»	»	»	»
Bourgeron de toile....	»	»	»	1	»	1 (1)	»	»	»	»
Capote.............	1	»	»	»	1	»	1	»	1	»
Collet à capuchon......	»	»	»	1	»	»	»	»	»	»
Ceinture de flanelle....	1	»	1	»	1	»	1	»	1	»
Ceinture de laine........	1 (2)	»	1	»	»	»	»	»	»	»
Gilet de zouaves et de tirailleurs..........	»	»	1	»	»	»	»	»	»	»
Guêtres jambières de drap	»	»	1	»	»	»	»	»	»	»
Jersey pour les chasseurs alpins.............	1	»	»	»	»	»	»	»	»	»
Manteau (A)...........	»	»	»	»	»	»	»	»	»	»
Manteau à capuchon (attribué aux chasseurs alpins en remplacement de la capote)...	1	»	»	»	»	»	»	»	»	»
Pantalon de cheval (A).	»	»	»	»	»	»	»	»	»	»
Pantalon de drap......	1	»	1 (3)	»	1	»	1	»	1	»
Tunique n° 4 (A)......	»	1 (4)	»	»	»	1 (4)	»	1 (4)	»	1 (4)
Vareuse-dolman (attribué aux chasseurs alpins en remplacement de la veste)....	1	»	»	»	»	»	»	»	»	»
Coiffure.										
Veste (A).............	»	1 (5)	1	»	»	1 (5)	»	1 (5)	»	1 (5)
Chéchia avec gland....	»	»	1	»	»	»	»	»	»	»
Képi ou béret pour chasseurs alpins........	1	»	»	»	»	»	»	»	»	»
Grand équipement.										
Bretelle de carabine (6).	»	»	»	»	1	»	1 (7)	»	1	»
Bretelle de fusil	1 (8)	»	1 (8)	»	»	»	»	»	»	»
Bretelle de suspension.	1 (8)	»	»	»	»	»	»	»	»	»
Cartouchière (ou poche à cartouches ou giberne)	3 (8)	»	2 (8)	»	1 (8)	»	1 (6)(7)	»	1 (6)	»
Ceinturon avec porte-épée .	1 (9)	»	1 (9)	»	»	»	»	»	1 (9)	»
Ceinturon avec porte-sabre.	»	»	1	»	1 (9)	»	1 (9)	»	1 (9)	»
Dragonne de sabre....	1 (10)	»	1 (10)	»	1 (10)	»	1 (10)	»	1 (10)	»
Étui de revolver (avec lanière pour les sergents-majors chefs artificiers et les conducteurs de caissons de munitions (14) (A) ..	1	»	1	»	1	»	1	»	1	»
Havresac (12).........	1	»	1	»	1	»	1	»	1	»

OBSERVATIONS.

H. Sur l'homme. — P. Dans son paquetage.

(1) Pour les caporaux et soldats du service d'exploitation seulement.

(2) Pour les chasseurs alpins.

(3) Sur l'homme ou dans le paquetage, suivant l'ordre donné.

(4) Pour les caporaux fourriers et tous les sous-officiers d'infanterie et des diverses sections, sans distinction de catégories.

(5) Excepté les caporaux fourriers et tous les sous-officiers d'infanterie et des diverses sections, sans distinction de catégories.

(6) Excepté les sergents-majors qui sont tous armés du revolver.

(7) Si la puissance contre laquelle on opère n'a pas signé la convention de Genève, les infirmiers militaires sont armés et équipés comme les ouvriers d'administration ; dans le cas contraire, les infirmiers militaires (sergents-majors exceptés) ne sont armés que du sabre série Z.

(8) À l'exception des militaires armés du revolver (renvoi 11) et de ceux énumérés au premier alinéa du renvoi 22. Les infirmiers régimentaires reçoivent deux cartouchières d'infanterie.

Ne sont pas pourvus de bretelles de suspension et ne reçoivent que deux cartouchières :

1° Les régiments territoriaux ;

2° Dans les corps actifs et de réserve, les sous-officiers, les caporaux fourriers, les sections hors rang, les petits états-majors de régiment et de bataillon.

Ne reçoivent ni cartouchières ni bretelles de suspension :

1° Les hommes qui sont armés du revolver et du sabre d'adjudant, c'est-à-dire les sergents-majors, les tambours-majors, les sergents-majors clairons, les sergents-majors vaguemestres, les sergents-majors chefs artificiers, les médecins auxiliaires ;

2° Ceux qui sont armés du revolver et du sabre série Z : les caporaux tambours et les tambours ;

3° Ceux qui sont armés du revolver seul : les sergents artificiers, les conducteurs de caissons de munitions, les soldats pourvoyeurs de munitions, les soldats ordonnances des officiers appartenant à des régiments et qui sont employés dans les états-majors, ceux des officiers supérieurs brevetés ou non et ceux des officiers et assimilés pourvus de deux chevaux à la mobilisation, à l'exception des ordonnances des médecins ;

4° Ceux qui n'emportent que le sabre série Z : les ordonnances des médecins, les conducteurs de voitures médicales ou de mulets porteurs de cantines médicales, les infirmiers régimentaires.

(9) Les militaires énumérés au renvoi 10 portent le ceinturon en cuir verni. Le porte-fourreau du sabre est substitué au porte-épée pour les militaires énumérés au premier alinéa du renvoi 22.

(10) Pour les sergents-majors, les tambours-majors, les sergents-majors clairons, les sergents-majors vaguemestres, les sergents-majors chefs artificiers et les médecins auxiliaires.

(11) Les militaires énumérés au renvoi 10, ainsi que les sergents artificiers, les caporaux tambours, les conducteurs de caissons de munitions, les soldats pourvoyeurs de munitions, les soldats ordonnances énumérés à la page 11 (excepté ceux des médecins qui n'emportent que le sabre) et les tambours sont armés du revolver.

(12) Les sergents-majors et les sergents rengagés portent le havresac en campagne. Les infirmiers régimentaire reçoivent un havresac d'infirmerie.

(13) Dans l'infanterie, 3 jeux de brosses, et 3 boîtes à graisse par escouade (l'effectif de guerre est de 14 hommes et 1 caporal) ; dans les sections, 1 collection par groupe de 5 hommes dans les détachements constitués, et 1 collection par homme pour ceux qui doivent opérer individuellement, y compris les ordonnances montées d'officiers sans troupe.

(14) Les militaires isolés reçoivent un nécessaire individuel de campement en remplacement de la gamelle individuelle et des ustensiles collectifs.

(15) 4 marmites et 2 gamelles par escouade ; 1 marmite pour 4 hommes et 1 gamelle pour 8 hommes dans les sections.

(16) Pour 8 hommes dans les sections et 1 hachette par escouade dans l'infanterie, à l'exception des escouades déjà pourvues, au titre des outils portatifs, d'une hachette à main. (Renvoi 27.)

(17) 1 pour 2 escouades ou 1 par groupe de 18 hommes dans les sections.

(18) 5 par escouade ou 1 pour 5 hommes dans les sections. Un sac par groupe d'isolés des quartiers généraux et des états-majors et services de formation de campagne comprenant au moins 4 hommes.

DÉSIGNATION des EFFETS OU OBJETS.	INFANTERIE et CHASSEURS À PIED.		ZOUAVES ET TIRAILLEURS algériens.		SECTION de commis et ouvriers militaires d'administration.		SECTION d'infirmiers militaires.		SECTION de secrétaires d'état-major.	
	H	P	H	P	H	P	H	P	H	P
Bretelles (paire) (A)	1	»	»	»	1	»	1	»	1	»
Brodequins (paire) (A)	1	»	»	»	1	»	1	»	1	»
Caleçon	1	»	1	»	1	»	1	»	1	»
Calotte de coton	»	1	»	»	»	1	»	1	»	1
Chemise (A)	1	1	1	1	1	1	1	1	1	1
Courroie de capote ou de manteau (A)	»	1	»	1	»	1	»	1	»	1
Cravate (A)	1	»	»	»	1	»	1	»	1	»
Effets de pansage (m) — Brosse en crin	»	»	»	»	»	»	»	»	»	»
Ciseaux	»	»	»	»	»	»	»	»	»	»
Corde à fourrages	»	»	»	»	»	»	»	»	»	»
Eponge	»	»	»	»	»	»	»	»	»	»
Etrille	»	»	»	»	»	»	»	»	»	»
Musette de pansage	»	»	»	»	»	»	»	»	»	»
Effets de petite monture — Brosses à graisse	»	1 (13)	»	1 (13)	»	1 (13)	»	1 (13)	»	1 (13)
Boîte à graisse	»	1 (13)	»	1 (13)	»	1 (13)	»	1 (13)	»	1 (13)
Brosses d'armes	»	1 (13)	»	1 (13)	»	1 (13)	»	1 (13)	»	1 (13)
Brosses à habits	»	1 (13)	»	1 (13)	»	1 (13)	»	1 (13)	»	1 (13)
Brosses double à chaussures	»	1 (13)	»	1 (13)	»	1 (13)	»	1 (13)	»	1 (13)
Cuiller	»	1	»	1	»	1	»	1	»	1
Trousse garnie sans glace	»	1	»	1	»	1	»	1	»	1
Etui-musette	1	»	1	»	1	»	1	»	1	»
Gamelle individuelle (14)	»	1	»	1	»	1	»	1	»	1
Guêtres de toile (paire) (A)	»	1	»	»	»	1	»	1	»	1
Guêtres jambières de toile (paire)	»	»	»	1	»	»	»	»	»	»
Livret individuel	»	1	»	1	»	1	»	1	»	1
Morceau de savon	»	1	»	1	»	1	»	1	»	1
Mouchoir	1	1	1	1	1	1	1	1	1	1
Pantalon de toile pour zouaves et tirailleurs algériens	»	»	»	1 (3)	»	»	»	»	»	»
Pantalon de treillis (A)	»	»	»	»	»	1 (1)	»	»	»	»
Quart	1	»	1	»	1	»	1	»	1	»
Souliers (paire) (A)	»	1	1	1	»	1	»	1	»	1
Sous-pieds de rechange pour guêtres ou pantalon de cheval (paire) (A)	»	1	»	1	»	1	»	1	»	1
Campement (c) — Gamelle de campement (15)	»	1	»	1	»	1	»	1	»	1
Hachette	»	1 (16)	»	1 (16)	»	1 (16)	»	1 (16)	»	»
Marmite de campement (15)	»	1	»	1	»	1	»	1	»	1
Moulin à café (17)	»	1	»	1	»	1	»	1	»	»

OBSERVATIONS.

H. Sur l'homme. — P. Dans son paquetage.

(19) 2 seaux par escouade pour toutes les troupes pourvues du matériel de campement actuellement en usage (ustensiles à quatre et nécessaire individuel de campement).

1 seau en toile par groupe de 4 hommes ou moins de 4 hommes aux isolés des quartiers généraux et des états-majors et services de formation de campagne.

Chaque ordonnance montée d'officier sans troupe reçoit un seau en toile.

(20) 1 seau pour 8 hommes dans les sections, dans les conditions indiquées pour l'infanterie.

(21) 4 par escouade plus 1 à chaque sergent et fourrier dans l'infanterie; 1 pour 4 hommes dans les sections.

NOTA. — Les hommes des états-majors de régiment ou de bataillon sont traités, au point de vue des allocations prévues aux articles 13, 15, 16, 17, 18, 19, 20 et 21 ci-dessus, dans les mêmes conditions que les sections.

(22) Les tambours, les musiciens, les infirmiers régimentaires, les ordonnances des médecins et les conducteurs de voitures médicales ou de mulets porteurs de cantines médicales sont pourvus du sabre série Z, sauf les exceptions suivantes :

1° Les infirmiers des régiments de zouaves d'Afrique sont armés du fusil;

2° Si la puissance contre laquelle on opère n'a pas signé la convention de Genève, les militaires ci-après désignés, appartenant aux troupes d'Afrique (éléments d'Algérie), sont armés et équipés comme les hommes non montés du corps auxquels ils appartiennent : ordonnances des médecins, conducteurs de voitures médicales ou de mulets porteurs de cantines médicales, infirmiers régimentaires.

Les conducteurs de caissons de munitions et les ordonnances des officiers supérieurs n'ont pas le sabre.

(23) Excepté les militaires armés du revolver (renvoi 11), ainsi que ceux énumérés au renvoi 22.

	EMPAQUETAGE modèle 1866.	EMPAQUETAGE modèle 1879-81.
(24) Corps actifs et de réserve } Caporaux et soldats	110 cartouches.	»
Corps territoriaux } Caporaux et soldats	112 cartouches.	78 cartouches.
Sous-officiers et caporaux fourriers, petits états-majors de régiment et de bataillon et de section hors rang	56 cartouches.	56 cartouches.

Les paquets de cartouches sont répartis entre les différents objets de grand équipement en service dans le corps. On n'en met dans le havresac qu'à défaut de place dans les autres effets.

(25) Une boîte pour 2 hommes.

(26) Par cheval. — Un harnachement pour le sergent-major chef artificier.

(27) Par compagnie, 32 pelles-bêches, 8 pioches, 4 pics, 2 haches et 1 scie articulée, en sus des 12 hachettes indiquées au renvoi 15.

Dans chaque bataillon, le sergent artificier reçoit une scie articulée; l'un des pourvoyeurs reçoit une hache portative et l'autre une serpe.

(a) Les sergents-majors chefs artificiers et les conducteurs de caissons à munitions (infanterie et chasseurs à pied) reçoivent des effets d'hommes montés : manteau (sans écussons à numéros) et pantalons de cheval à l'uniforme du train des équipages militaires ou des chasseurs à pied, brodequins éperonnés, étui et fourreau de revolver, bretelles de pantalon pour hommes montés, sous-pieds de pantalon de cheval (avec une paire de rechange), tunique (pour les sergents-majors) ou veste (pour les conducteurs). Ces conducteurs reçoivent, en outre, une paire de souliers et de guêtres de toile comme chaussures de repos, une paire de sous-pieds de guêtres de rechange, un pantalon de treillis et un bourgeron; toutefois, les conducteurs de caissons légers à munitions des bataillons de chasseurs alpins reçoivent un pantalon d'ordonnance avec bandes molletières, un manteau à capuchon et des brodequins avec éperons à la chevillère, en remplacement du pantalon de cheval, du manteau de cavalerie et des brodequins éperonnés.

Les conducteurs de caissons à munitions des zouaves et des tirailleurs sont habillés en hommes montés du train des équipages; ils reçoivent deux chemises à col, une cravate, un pantalon de treillis, un bourgeron et une courroie de capote.

Les conducteurs de voitures régimentaires, de voitures de compagnies, de chevaux haut le pied et de mulets des corps de troupe reçoivent des effets à l'uniforme et l'armement de leur corps. Les conducteurs de ces quatre catégories dans les états-majors reçoivent des effets à l'uniforme d'un des régiments de la brigade ou de la division auxquelles ils sont

DÉSIGNATION des EFFETS OU OBJETS.	INFANTERIE et chasseurs à pied.		ZOUAVES et tirailleurs algériens.		SECTION de commis et ouvriers militaires d'administration.		SECTION d'infirmiers militaires.		de secrétaires d'état-major.	
	H	P	H	P	H	P	H	P	H	P
Campement (suite).										
Petit bidon de 1 litre (2 litres en Afrique), avec courroie et enveloppe	1	»	1	»	1	»	1	»	1	»
Sac à distribution (18)	»	1	»	1	»	1	»	1	»	1
Sachets pour vivres de réserve	»	2	»	2	»	2	»	2	»	2
Seau en toile	»	1 (19)	»	1 (19)	»	1 (20)	»	1 (20)	»	1 (20)
Armement.										
Carabine avec sabre-baïonnette (6)	»	»	»	»	1	»	1 (7)	»	1	»
Fusil avec épée-baïonnette	1 (8)	»	1 (8)	»	»	»	»	»	»	»
Nécessaire d'armes	»	1 (21)	»	1 (21)	»	1 (21)	»	1 (7)(21)	»	1 (21)
Revolver (11) (A)	1	»	1	»	1	»	1	»	1	»
Sabre d'adjudant (10)	1	»	1	»	1	»	1	»	1	»
Sabre série Z (A)	1 (12)	»	1 (22)	»	»	»	1 (7)	»	»	»
Munitions. Paquets de cartouches										
de carabine (6)	»	»	»	»	3	3	3 (7)	3 (1)	3	3
de fusil (23)	» (24)	» (24)	» (24)	» (24)	»	»	»	»	»	»
de revolver (11)	2	1	2	1	2	1	2	1	2	1
Vivres et fourrages (b).										
Deux jours de biscuit	»	1	»	1	»	1	»	1	»	1
Deux jours de petits vivres	»	1	»	1	»	1	»	1	»	1
Deux jours de viande de conserve (25)	»	1	»	1	»	1	»	1	»	1
Deux portions de potage condensé	»	1	»	1	»	1	»	1	»	1
Un jour d'avoine (26)	»	1	»	1	»	1	»	1	»	1
Outils portatifs (27)	»	1	»	1	»	»	»	»	»	»
Harnachement (28).										
Couverture	»	»	»	»	»	»	»	»	»	»
Etui porte-avoine	»	»	»	»	»	»	»	»	»	»
Ferrure	»	»	»	»	»	»	»	»	»	»
Musette-mangeoire	»	»	»	»	»	»	»	»	»	»
Selle et bride complètes	»	»	»	»	»	»	»	»	»	»
Surfaix	»	»	»	»	»	»	»	»	»	»
Paquet individuel de pansement (g)	1	»	1	»	1	»	1	»	1	»

OBSERVATIONS.

H. Sur l'homme. — P. Dans son paquetage.

affectés, mais non pourvus d'écussons à numéros ; ils reçoivent, en outre, un bourgeron et un pantalon de treillis.

Les *bouchers* des corps d'infanterie reçoivent un pantalon de treillis et un bourgeron de toile.

Les *tambours* emportent l'équipement de tambour complet avec deux peaux de rechange, l'une de batterie et l'autre de timbre ; les tambours-majors et les caporaux tambours, la canne spéciale à ces emplois.

Les *clairons* emportent leur instrument muni de son cordon (armée active), et de sa courroie (régiments de réserve et régiments territoriaux).

ORDONNANCES.

Soldats ordonnances des fonctionnaires de l'intendance, des médecins autres que ceux des corps de troupe, des officiers d'administration montés. — Reçoivent, en principe, les mêmes effets à l'uniforme du train que les conducteurs de caissons à munitions d'infanterie, ou, à défaut, des effets spéciaux d'hommes montés à l'uniforme de la cavalerie ou de l'artillerie, une collection d'effets de pansage et un sac à avoine.

Soldats ordonnances des officiers brevetés ou non, appartenant à des régiments et qui, à la mobilisation, sont pourvus d'emplois dans les états-majors. — Ordonnances des capitaines d'infanterie détachés dans le service d'état-major et en particulier au ministère de la guerre. — Les soldats ordonnances, appartenant à des troupes à pied, sont habillés et équipés comme les conducteurs de caissons à munitions ; ceux appartenant aux troupes à cheval prennent la tenue de campagne de leur arme, avec le képi. — Les ordonnances des officiers des régiments du génie reçoivent l'habillement et l'équipement des sapeurs-conducteurs du génie (sauf le ceinturon et la dragonne). Les soldats ordonnances des trois catégories ci-dessus reçoivent l'armement affecté aux ordonnances de l'escadron du train dans lequel ils sont versés, une collection d'effets de pansage et un sac à avoine.

Soldats ordonnances des colonels, lieutenants-colonels d'infanterie, des officiers supérieurs brevetés ou non et des officiers ou assimilés pourvus de deux chevaux à la mobilisation. — Reçoivent la tenue des conducteurs de caissons à munitions et une collection d'effets de pansage, y compris le sac à avoine, un pantalon de treillis et un bourgeron.

Les ordonnances des officiers énumérés dans les trois alinéas ci-dessus reçoivent le revolver, à l'exclusion du sabre ; par exception, ceux des médecins ne portent que le sabre.

La tenue des médecins et pharmaciens auxiliaires, déterminée par la décision ministérielle du 19 mai 1886 et le règlement du 7 juillet 1887, se compose d'effets pourvus d'attributs spéciaux et à l'uniforme soit du corps auquel ils sont affectés, soit des sections d'infirmiers, s'ils sont attachés à un hôpital, à une ambulance ou bien affectés à des régiments de zouaves ou de tirailleurs.

Il est délivré un brassard : 1° aux conducteurs de caissons de munitions dans les régiments de zouaves et de tirailleurs algériens ; 2° aux conducteurs de voitures, de chevaux haut le pied et de mulets des corps de troupe et des états-majors ; 3° aux infirmiers régimentaires, aux médecins auxiliaires, aux infirmiers des sections, aux conducteurs des voitures médicales régimentaires et des mulets porteurs de cantines médicales, aux soldats ordonnances des médecins et aux brancardiers d'ambulance (ce brassard, qui est celui de la convention de Genève, confère la neutralité à cette catégorie de militaires) ; 4° aux brancardiers régimentaires (ce dernier brassard ne confère pas la neutralité).

(a) *Effets de pansage.* — Les conducteurs de caissons à munitions et les conducteurs de voitures et de mulets des différents corps ou services reçoivent une collection d'effets de pansage, un sac à avoine et un fouet. Il en est de même pour les conducteurs de chevaux haut le pied, à l'exception du fouet.

(c) Dans certains cas, les troupes sont pourvues de couvertures de campement et de sacs-tentes-abris avec accessoires.

(b) Non compris 2 jours des vivres de débarquement, et le foin et l'avoine également emportés au départ pour la nourriture des chevaux pendant leur transport en chemin de fer.

(g) Chaque homme de troupe doit toujours, en cas de guerre, être porteur d'un *paquet individuel de pansement* placé dans la poche intérieure spéciale de la capote ou de la veste pour les zouaves et les tirailleurs ; dans une des poches intérieures de la vareuse-dolman pour les chasseurs alpins.

NOTA. — Tous les effets qui ne figurent pas au nombre de ceux que la troupe doit emporter en campagne sont laissés en magasin.

La présente décision est applicable aux troupes d'Afrique appelées en Europe en cas de mobilisation, et la décision ministérielle du 25 mars 1884 (*J. M.*, p. a., page 322) aux troupes restant en Afrique.

CAVALERIE.

(Armée active et armée territoriale.)

1º Officiers.

*Régiments de cavalerie de France, cavaliers de remonte,
chasseurs d'Afrique, spahis.*

DÉSIGNATION DES EFFETS OU OBJETS.	OBSERVATIONS.
Officiers des régiments de cavalerie de France, des chasseurs d'Afrique et officiers français des régiments de spahis. Casque, shako ou képi (selon la subdivision d'arme). — Calotte de drap. Dolman ou tunique (selon la subdivision d'arme) (1). Épaulettes ou pattes d'épaules en poil de chèvre (selon la subdivision d'arme). Culotte de drap avec bottes (2). Pantalon avec bottes pour les spahis français. Gants de couleur (3). Manteau de drap ou de caoutchouc. Revolver et son étui (4). Sabre avec dragonne de cuir. Cuirasse pour les cuirassiers. Jumelle d'un modèle facultatif. Porte-cartes (5). Giberne et porte-giberne (pour les spahis français). **Harnachement.** — Selle et bride complètes (selle avec calottes de fontes et poitrail pour les spahis français). / Tapis. / Porte-sabre. / Couverture placée sous le tapis. / Étui porte-avoine. / Musette-mangeoire. / Sac de campagne (6).	(1) Les officiers sont autorisés à porter un col blanc avec une cravate en soie noire au lieu du col blanc fixé à la doublure du collet de l'effet. Les officiers de cuirassiers et de dragons font usage, en campagne, des épaulettes avec la tunique. (2) **Jambières et pantalon.** — Le port de jambières en cuir et de brodequins avec éperons à la chevalière est facultatif en remplacement de la botte. L'usage de la culotte avec jambières de drap et celui du pantalon est également facultatif en temps de guerre ; celui du pantalon est autorisé dans les mêmes circonstances qu'en temps de paix. (3) En peau de chien de nuance rouge brun. (4) Les officiers emporteront en campagne 18 cartouches de revolver ; ils placent 12 cartouches dans l'étui de revolver et les 6 autres dans la charge du cheval ou dans la caisse à bagages. (5) Le porte-cartes est placé sur le côté droit du ceinturon ou sur les sacoches. (6) L'usage du sac est facultatif. NOTA. — Le *sifflet* est emporté par les capitaines commandants et les chefs de peloton. Les officiers doivent toujours porter, en cas de guerre, *un paquet individuel de pansement.*
Officiers indigènes des régiments de spahis. Chéchia avec haïk. Gilet. Veste arabe. Pantalon avec bottes et éperons arabes. Ceinture. Gants de couleur (3). Burnous en drap et en laine blanche. Ceinturon en cuir. Giberne et porte-giberne. Sabre avec dragonne. Revolver et son étui. Jumelle d'un modèle facultatif. **Harnachement.** — Selle complète avec chemise. / Surfaix. / Poitrail. / Bride complète. / Musette-mangeoire.	

2°

Troupe.

DÉSIGNATION des effets ou objets.	RÉGIMENTS DE CAVALERIE DE FRANCE ET CHASSEURS — Cavalier monté H	P	Cavalier non monté H	P	Télégraphiste H	P	Infirmier, porte-sacoches, conducteur de voitures médicales ou de transport des blessés H	P (3)	D'AFRIQUE (A). — Ordonnances du colonel et du lieutenant-colonel H	P (3)	Conducteur de fourgons. Conducteur de la forge H	P	SPAHIS H	P
Plaque d'identité avec cordon	1	»	1	»	1	»	1	»	1	»	1	»	1	»
Bourgeron (2)	»	1	»	1	»	1	»	1	»	1	1	1	»	1
Burnous en drap et en laine blanche	»	»	»	»	»	»	»	»	»	»	»	»	1	»
Ceinture de flanelle	1	»	1	»	1	»	1	»	1	»	1	»	1	»
Ceinture de laine pour les chasseurs d'Afrique et les spahis	1	»	1	»	1	»	1	»	1	»	1	»	1	»
Épaulettes (corps qui les portent)	1	»	1	»	1	»	1	»	1	»	»	»	1	»
Gilet	»	»	»	»	»	»	»	»	»	»	»	»	»	»
Manteau	»	1	1	»	»	1	»	1	»	1	»	1	»	»
Matelassure de cuirasse	1	»	»	»	»	»	»	»	»	»	»	»	»	»
Pantalon de cheval (d'ordonnance pour les spahis) (1)	1	»	1	»	1	»	1	»	1	»	1	»	1	»
Tunique ou dolman (veste pour les chasseurs d'Afrique et les spahis)	1	»	1	»	1	»	1	»	1	»	1	»	1	»
Calotte de drap (2)	»	1	»	1	»	1	»	1	»	1	»	1	»	»
Casque, shako ou casquette (selon l'arme)	1	»	1	»	1	»	»	»	»	»	»	»	»	»
Képi (chéchia avec gland pour les chasseurs d'Afrique et les spahis et turben pour ces derniers)	»	»	»	»	»	»	1	»	1	»	1	»	1	»
Bretelle de carabine	1 (3)	»	1	»	»	»	»	»	»	»	1	»	1 (2)	»
Cartouchière	1 (3)	»	1	»	»	»	»	»	»	»	1	»	1 (2)	»
Ceinturon avec bélière	1	»	1	»	1	»	»	»	»	»	1	»	1	»
Dragonne	1	»	»	»	1	»	»	»	»	»	»	»	1	»
Étui et lanière de revolver (4)	1 (3)	»	»	»	1 (3)	»	»	»	1 (3)	»	»	»	1	»
Giberne et sa banderole	»	»	»	»	»	»	»	»	»	»	»	»	1 (3)	»
Musette de cuir (remplace le seau en toile)	»	»	»	»	»	»	»	»	»	»	»	»	»	1

OBSERVATIONS.

H. Sur l'homme,
P. Dans le paquetage.

Les adjudants ont la même tenue que les officiers de leur arme, moins la culotte et les bottes à l'écuyère, qui sont remplacées par le pantalon de cheval et les bottes avec éperons comme en temps de paix. Ils n'ont pas d'étui porte-avoine, mais sont pourvus du sac à avoine.

Les adjudants doivent toujours porter, en cas de guerre, un paquet individuel de pansements.

L'usage de la jumelle est facultatif pour les adjudants.

Les médecins auxiliaires attachés aux régiments de cavalerie portent la tenue des sous-officiers du corps avec attributs spéciaux déterminés par la décision ministérielle du 15 mai 1886 et le règlement spécial du 6 avril 1885.

Il est délivré un brassard de la convention de Genève aux infirmiers, aux porte-sacoches, aux conducteurs de voitures médicales ou de transport de blessés et aux soldats ordonnances des médecins.

En cas de guerre avec une puissance n'ayant point adhéré à la convention de Genève, les infirmiers, les porte-sacoches et les conducteurs de voitures médicales devront avoir en plus :

Un étui et une lanière de revolver, un sachet à cartouches, un revolver et 5 paquets de cartouches de revolver.

Un brassard d'un modèle particulier est également délivré aux conducteurs des fourgons.

Les conducteurs de chevaux de main doivent conserver la tenue des cavaliers du rang.

(1) Les cavaliers non montés et les conducteurs de voitures portant le pantalon de cheval ou le pantalon de treillis, suivant la saison.
(2) Galonnés pour les gradés.
(3) A l'exception des sous-officiers, des brigadiers fourriers, du brigadier chargé de l'infirmerie des hommes, des trompettes, des maréchaux ferrants et des aides, des ordonnances du colonel et du lieutenant-colonel, du secrétaire monté du colonel, des télégraphistes, des sapeurs et des élèves-sapeurs, qui sont armés du revolver.
Dans les régiments de cuirassiers, la bretelle n'est donnée qu'aux cavaliers non montés armés de la carabine.
(4) Pour les catégories de militaires énumérées au renvoi 3.
(5) A l'exception des sous-officiers et brigadiers fourriers.
(6) Pour les sous-officiers seulement.

RÉGIMENTS DE CAVALERIE DE FRANCE ET CHASSEURS D'AFRIQUE (a).

DÉSIGNATION des EFFETS OU OBJETS.	Cavalier monté.		Cavalier non monté.		Télégraphiste.		Infirmier, porte-sacoches, conducteur des voitures médicales ou de transport des blessés.	
	H	P	H	P	H	P	H	P (8)
Bottines avec éperons..	1	»	1	»	1	»	1	»
Bottes à l'écuyère (avec éperons (bottes arabes (mesures) pour les indigènes)......	»	»	»	»	»	»	»	»
Bretelles de pantalon..	1	»	1	»	1	»	1	»
Caleçons............	1	1	1	1	1	1	1	1
Chemises............	1	1	1	1	1	1	1	1
Col ou cravate.......	1	»	1	»	1	»	1	1
Courroie de manteau..	»	1	1	1	»	1	»	1
Brosse en crin (5)....	»	1	»	1	»	1	»	1
Ciseaux.............	»	1 (6)	»	»	»	1	»	»
Corde à fourrages...	»	1	1	1	»	1	»	1
Éponge...........	»	1	»	1	»	1	»	1
Étrille............	»	1 (6)	»	1	»	1	»	1
Sac à avoine....	»	1	»	1	»	1	»	1
Boîte à graisse (7)....	»	1	»	1	»	1	»	»
Brosse à habits (7)....	»	1	»	1	»	1	»	1
Brosse à laver (7)....	»	1	»	1	»	1	»	1
Brosse d'armes (7)....	»	1	1	1	»	1	»	»
Cuiller............	»	1	1	1	»	1	»	»
Trousse garnie, sans glace....	»	1	»	1	1	1	1	»
Étui-musette (8)......	1	»	»	»	»	1	1	»
Gamelle individuelle (9)....	»	1	»	1	»	1	1	»
Livret individuel.....	1	»	1	»	1	»	1	»
Morceau de savon....	1	»	1	»	1	»	1	»
Mouchoir.........	1	1	1	»	1	»	1	»
Paires de sous-pieds...	1	1	»	»	1	1	1	1
Pantalon de treillis (de toile pour les spahis indigènes)......	»	1	»	1 (1)	»	1	»	1 (1)
Pompon (selon l'arme)...	1	»	1	»	1	»	»	»
Quart.............	»	»	»	»	1	»	»	»
Sachet à cartouches...	»	1	1	»	»	»	»	»
Sifflet et son cordon (10)......	1	»	1	»	1	»	»	»
Souliers du modèle général (souliers arabes pour les spahis indigènes)....	»	»	»	»	»	»	»	»

DÉSIGNATION des EFFETS OU OBJETS.	Ordonnances du colonel et du lieutenant-colonel.		Conducteur de fourgons. Conducteur de la forge.		SPAHIS.	
	H	P (a)	H	P	H	P
Bottines avec éperons..	1	»	1	»	»	»
Bottes à l'écuyère......	»	»	»	»	1	»
Bretelles de pantalon..	1	»	1	»	1	»
Caleçons............	1	1	1	1	1	1
Chemises............	1	1	1	1	1	1
Col ou cravate.......	1	»	1	»	1	»
Courroie de manteau..	»	1	»	1	»	1
Brosse en crin (5)....	»	1	»	»	»	1
Ciseaux.............	»	1	»	»	»	1 (6)
Corde à fourrages...	»	1	»	1	»	1
Éponge...........	»	1	»	1	»	1
Étrille............	»	1	»	1	»	1 (5)
Sac à avoine....	»	1	»	1	»	1
Boîte à graisse (7)....	»	1	»	1	»	1
Brosse à habits (7)....	»	1	»	1	»	1
Brosse à laver (7)....	»	1	»	1	»	1
Brosse d'armes (7)....	»	1	»	1	»	1
Cuiller............	»	1	»	1	»	1
Trousse garnie, sans glace....	»	1	1	»	»	»
Étui-musette (8)......	»	1	»	1	»	1
Gamelle individuelle (9)....	1	»	1	»	»	»
Livret individuel.....	1	»	1	»	1	»
Morceau de savon....	1	»	1	»	1	»
Mouchoir.........	1	»	1	»	1	»
Paires de sous-pieds...	1	1	1	1	1	1
Pantalon de treillis......	»	1 (1)	»	1 (1)	»	1
Pompon (selon l'arme)...	»	»	»	»	»	»
Quart.............	»	»	»	»	1	»
Sachet à cartouches...	»	1	»	1	»	1
Sifflet et son cordon (10)......	»	»	»	»	1	»
Souliers du modèle général......	»	»	»	»	»	»

OBSERVATIONS.

M. Sur l'homme.
P. Dans le paquetage.

(7) Pour 2 cavaliers : une collection complète pour les cavaliers ordonnances d'officiers sans troupe.

(8) Est porté en sautoir ou, lorsqu'il est vide, mis dans le paquetage ; les conducteurs le placent dans leurs voitures.

(9) Tous les militaires isolés reçoivent un *nécessaire individuel de campement*, en remplacement de la gamelle individuelle.

(10) Pour les sous-officiers seulement.

(11) Cet ustensile, délivré à raison de un par peloton, est placé sur les fourgons.

(12) Pour 4 hommes.
Une marmite pour 4 hommes est délivrée aux escortes des quartiers généraux de division, de corps d'armée et d'armée.
Trois marmites à 4 hommes sont attribuées aux hommes de troupe marchant avec l'état-major du régiment.

(13) Pour deux cavaliers.
Un seau en toile par groupe de 4 hommes ou moins de 4 hommes, aux isolés des quartiers généraux et des états-majors de formation de campagne.
Chaque cavalier ordonnance d'officier sans troupe reçoit un seau en toile.

(14) Le nécessaire d'armes et la clef à crampon à vis sont emportés par les brigadiers seulement.

(a) Les chasseurs d'Afrique appelés en Europe, en cas de mobilisation, prennent la tenue de campagne des régiments de cavalerie de l'intérieur, avec les modifications suivantes : ils continuent à faire usage de la ceinture en laine, la veste remplace le dolman, la chéchia la calotte, la peau de bouc le bidon ; le sabre est porté à la ceinture.
Ils ne recevront pas de pétards de mélinite tant que le harnachement n'aura pas subi les modifications prescrites par la circulaire ministérielle du 14 août 1884.
Ils reçoivent des marmites de peloton en même temps que les voitures régimentaires.
Aucune modification n'est apportée au paquetage spécial des troupes de cavalerie opérant en Algérie.

Les *trompettes* emportent leur instrument muni de leur cordon (armée active) et de sa courroie (régiments de réserve et armée territoriale).

(a) Dans le sac de l'homme placé dans la voiture qu'il conduit.

DÉSIGNATION des EFFETS OU OBJETS.	Cavalier monté. (H)	(P)	Cavalier non monté. (H)	(P)	Télégraphiste. (H)	(P)	Infirmier, porte-sacoches, conducteur de voitures médicales ou de transport des blessés. (H)	(P) (»)	Ordonnances du colonel et du lieutenant-colonel. (H)	(P) (»)	Conducteur de fourgons, Conducteur de la forge. (H)	(P)	SPAHIS. (H)	(P)
Campement.														
Bidon individuel avec quart adhérent, courroie et enveloppe (peau de bouc avec courroie pour chasseurs d'Afrique et spahis).....	1	»	1	»	1	»	1	»	1	»	1	»	1	»
Étui de gamelle individuelle............	»	1	1	»	»	1	»	1	»	1	»	1	»	1
Gamelle à 4 hommes (12).............	»	»	»	»	»	»	»	»	»	»	»	»	»	1
Marmite à 4 hommes (12)............	»	»	»	»	»	»	»	»	»	»	»	»	»	»
Marmite de peloton (11)............	»	»	»	»	»	»	»	»	»	»	»	»	»	»
Moulin à café (pour 15 hommes).........	»	»	»	»	»	»	»	»	»	»	»	»	»	1
Sachet à vivres.........	»	1	1	»	»	1	»	1	»	1	»	1	»	1
Seau en toile.........	»	1 (13)	»	»	»	1 (13)	»	1	»	1	»	1 (13)	»	»
Armement.														
Carabine (3) et son nécessaire d'armes (14).	1	»	1	»	»	»	»	»	1	»	»	1	1	»
Cuirasse...........	1	»	»	»	»	»	»	»	»	»	»	»	»	»
Revolver et son nécessaire d'armes (14)...	1	»	1	»	1	»	»	»	1 (14)	»	»	»	1	»
Sabre..........	1	»	»	»	1	»	»	»	1	»	»	»	1	»
Lance (21)..........	»	»	»	»	»	»	»	»	»	»	»	»	»	»
Munitions. Paquets de cartouches pour carabine.....	3	5	8	»	»	»	»	»	»	»	3	5	3	5
pour revolver......	2	3	»	»	2	3	»	»	2	3	»	»	2	3
Pétards..........	»	»	»	»	»	»	»	»	»	»	»	»	»	4
Vivres et fourrages (c). Un repas d'avoine.....	»	1	»	»	»	1	»	1 (15)	»	2 (15)	»	2 (16)	»	1
Cinq rations de sucre et café.........	»	1	1	»	»	1	»	1	»	1	»	1	»	1
Outils (16)............	»	»	»	»	»	»	»	»	»	»	»	»	»	»
Harnachement. Bride complète........	»	1	»	»	»	1	»	1	»	»	»	»	»	4
Couverture (17).......	»	»	»	»	»	»	»	»	»	»	»	»	»	»
Ferrure (18)...........	»	»	»	»	»	»	»	»	»	»	»	»	»	»
Clef à crampon à vis (14)..........	»	»	»	»	»	»	»	»	»	»	»	»	»	»
Harnais complet (19)..	»	»	»	»	»	»	»	»	»	»	»	»	»	»
Musette-mangeoire (20).	»	1	»	»	»	1	»	1	»	»	»	»	»	1
Selle complète..........	»	»	»	»	»	»	»	»	»	»	»	1	»	1
Surfaix de couverture (17)............	»	»	»	»	»	»	»	»	»	»	»	»	»	»
Paquet individuel de pansement (D)............	1	»	1	»	1	»	1	»	1	»	1	»	1	»

OBSERVATIONS.

H. Sur l'homme.

P. Dans le paquetage.

(15) L'avoine des chevaux d'attelage est placée sur leurs voitures.

(16) Par escadron, deux haches, deux pelles, quatre pioches, quatre scies articulées et une cisaille avec ses accessoires portées par les sapeurs et les élèves-sapeurs.

(17) Par cheval, une couverture et un surfaix.

(18) Par cheval, 1/2 ferrure et 24 clous dont 16 à glace.

(19) Un harnais complet par cheval attelé.

(20) Par cheval, une musette-mangeoire.

(21) Les cavaliers du premier rang des régiments de dragons endivisionnés sont armés de la lance.

(c) Non compris 2 jours de pain, 2 jours de petits vivres, 1 jour de viande de conserve, 1 portion de potage condensé, et 1 jour 1/2 d'avoine emportés au départ au titre des vivres de débarquement, et le foin et l'avoine également emportés au départ pour la nourriture des chevaux pendant leur transport en chemin de fer.

(D) Chaque homme de troupe doit toujours, en cas de guerre, être porteur d'un *paquet individuel de pansement* placé dans une des poches intérieures de la tunique, du dolman ou de la veste.

NOTA. — Tous les effets qui ne figurent pas au nombre de ceux que le cavalier porte sur lui ou de ceux qui composent son paquetage seront laissés en magasin.

La présente décision est applicable aux troupes d'Afrique appelées en Europe, en cas de mobilisation, et la décision du 25 mars 1884 (J. M., P. B., page 119), aux troupes restant en Afrique.

ARTILLERIE ET TRAIN DES ÉQUIPAGES MILITAIRES.
(*Armée active et armée territoriale.*)
1° Officiers d'artillerie et du train des équipages militaires, Employés militaires de l'artillerie.

DÉSIGNATION DES EFFETS OU OBJETS.	OBSERVATIONS.
Officiers d'artillerie et du train des équipages militaires (8) et gardes d'artillerie montés. Képi. Vareuse. Culotte de drap avec bottes (1). Gants de couleur (2). Manteau et collet à capuchon (de drap ou de caoutchouc) (3). Revolver et son étui (4). Sabre et dragonne de cuir. (Epée sans dragonne pour les gardes d'artillerie.) Jumelle d'un modèle facultatif (5). *Harnachement.* Selle et bride complètes. Porte-sabre. Tapis, couverture placée sous le tapis. Bissac de campagne. Etui porte-avoine. Musette-mangeoire.	(1) **Jambières et pantalon.** — Le port de la culotte avec jambières de drap et celui du pantalon sont autorisés dans les mêmes circonstances qu'en temps de paix. Les officiers, les employés militaires de l'artillerie, ainsi que les adjudants des troupes à pied, peuvent aussi faire usage des jambières en cuir noir avec des brodequins, ces chaussures étant munies d'éperons à la chevalière pour les officiers et les gardes d'artillerie montés. (2) **Gants.** — En peau de chien de nuance rouge brun. (3) **Manteau.** — Le manteau est roulé en deux parties et fixé sur la selle; le collet mobile sur les sacoches. (4) Les officiers et employés de l'artillerie emportent en campagne 18 cartouches de revolver; ils placent 12 cartouches dans l'étui de revolver et les 6 autres dans la charge du cheval ou dans la caisse à bagages. (5) L'usage de la jumelle est facultatif pour les gardes d'artillerie et autres employés de l'artillerie. (6) Le manteau ou la capote sont portés en sautoir par les employés d'artillerie qui ne sont pas montés. (7) Les employés de l'artillerie non montés sont autorisés à faire usage d'une sacoche pouvant se porter indifféremment, soit en bandoulière, soit sur le dos comme le havresac. (8) Il est délivré un brassard de la convention de Genève aux officiers du train des équipages militaires attachés à une formation sanitaire.
Employés militaires de l'artillerie (gardes d'artillerie non montés), contrôleurs d'armes, ouvriers d'état, gardiens de batterie, chefs armuriers. Képi. Vareuse. Pantalon de drap (1). Bottes ou brodequins. Gants de couleur (2). Manteau ou capote et collet à capuchon (de drap ou de caoutchouc) (6). Revolver et son étui (4). Epée sans dragonne. Jumelle d'un modèle facultatif (5). Sacoche (7).	Nota. — Les officiers et les employés militaires sont autorisés à porter un col blanc avec une cravate en soie noire, au lieu du col blanc fixé à la doublure du collet de l'effet. Ils doivent toujours porter, en cas de guerre, *un paquet individuel de pansement.* *Officiers des batteries alpines.* — En sus des effets et objets ci-dessus, les officiers des batteries alpines sont autorisés à porter sous la vareuse ouverte un gilet en drap avec boutons métalliques. Ils peuvent faire usage de bandes molletières du modèle de la troupe aux lieu et place de jambières. Ils portent, obligatoirement en campagne, facultativement dans les manœuvres alpines du temps de paix, le béret du modèle de la troupe. Ils doivent être munis d'une canne ferrée et d'une boussole-breloque.

2ᵉ Troupe.

DÉSIGNATION des EFFETS OU OBJETS	ARTILLERIE				TRAIN DES ÉQUIPAGES				OBSERVATIONS
	Hommes montés		Hommes non montés		Hommes montés		Hommes non montés		
	H	P	H	P	H	P	H	P	
Plaque d'identité avec cordon	1	»	1	»	1	»	1	»	
Bandes molletières (1)	»	»	1	»	»	»	»	»	
Bâton ferré (1)	»	»	1	»	»	»	»	»	
Habillement.									
Bourgeron de toile (galonné pour les gradés)	»	1(4)	»	1(4)	»	1(4)	»	1	
Capote-manteau	»	»	»	1	»	»	»	1	
Ceinture de flanelle	1	»	1	»	1	»	1	»	
Ceinture de laine (1)	1	»	1	»	»	»	»	»	
Dolman (2)	1	»	1	»	1	»	»	»	
Jersey (1)	1	»	1	»	»	»	»	»	
Manteau	»	1	»	»	»	1	»	»	
Pantalon d'ordonnance	»	»	1	»	»	»	1	»	
Pantalon de cheval (3)	1	»	»	»	1	»	»	»	
Veste	1(4)	»	1(4)	»	1(4)	»	1	»	
Coiffure.									
Calotte de drap (galonnée pour les gradés)	»	1	»	1	»	1	»	1	
Képi (béret pour les alpins)	1	»	1	»	1	»	1	»	
Grand équipement.									
Bretelle de carabine ou de mousqueton	»	»	1(5)	»	»	1(6)	1	»	
Cartouchières	»	»	2(5)	»	»	»	»	»	
Ceinturon	1	»	1	»	1(7)	»	1	»	
Dragonne de sabre	»	1	1(8)	»	1(7)	»	»	»	
Etui et lanière de revolver	1	»	1(9)	»	1(9)	»	»	»	
Giberne avec banderole	»	»	»	»	1(6)	»	1	»	
Havresac (11)	1(10)	»	1(10)	»	1(10)	»	1(10)	»	
Petit équipement.									
Bretelles (paire)	1	»	1	»	1	»	1	»	
Brodequins (paire) (13)	1(12)	1	1	»	1(12)	1	1	»	
Caleçon	1	1	1	1	1	1	1	1	
Chemise	1	1	1	1	1	1	1	1	
Courroie de capote ou manteau	»	1	»	1	»	1	»	1	
Cravate	1	1	1	1	1	1	1	1	
Effets de pansage (15) : Brosse en crin	»	1(4)	»	1(19)	»	1(4)	»	1	
Ciseaux	»	1(2)	»	1(16)	»	1(2)	»	»	
Corde à fourrages	»	1	»	1(19)	»	1	»	1	
Eponge	»	1	»	1(19)	»	1	»	1	
Etrille	»	1(4)	»	1(19)	»	1(4)	»	1	
Musette de pansage	»	1(4)	»	1(19)	»	1(4)	»	1	
Sac à avoine	»	1	»	1(19)	»	1	»	1	
Torchon-serviette	»	1(4)	»	1(19)	»	1(4)	»	1	
Effets de petite monture — Brosse : Boîte à graisse	»	1	»	1	»	1	»	1	
Brosse à habits (16)	»	1	»	1	»	1	»	1	
Brosse d'armes (16)	»	1	»	1	»	1	»	1	
Brosse double à chaussure (16)	»	1	»	1	»	1	»	1	
Cuillor	»	1(17)	»	1	»	1(17)	»	1	
Trousse garnie (sans glace)	»	1	»	1	»	1	»	1	
Etui-musette	»	1(17)	1	»	»	1(17)	1	»	
Fouet	1(18)	»	1(19)	»	1(18)	»	1(19)	»	
Gamelle individuelle (nécessaire individuel de campement pour tous les isolés)	»	1	»	1	»	1	»	1	
Guêtres de toile (paire)	»	»	»	1	»	»	»	1	
Livret individuel	»	1	»	1	»	1	»	1	
Morceau de savon	»	1	»	1	»	1	»	1	
Mouchoir	1	1	1	1	1	1	1	1	
Pantalon de treillis	»	1	»	1	»	1	»	1	
Petite besace	»	1(21)	»	»	»	1(21)	»	1(21)	
Quart	1	»	1	»	1	»	1	»	
Sifflet de signal	»	»	»	»	1(22)	»	»	»	
Souliers (paire)	»	»	»	1	»	»	»	1	
Sous-pieds de rechange (paire) { pour guêtres	»	»	»	1	»	»	»	1	
Sous-pieds de rechange (paire) { pour pantalon de cheval	»	1	»	»	»	1	»	»	

OBSERVATIONS.

H L'homme aura sur lui.
P Paquetage de l'homme ou charge du cheval.

(A) Voir page 25.

(1) Pour les batteries alpines seulement.

(2) Pour les sous-officiers et brigadiers fourriers seulement; les sous-officiers et brigadiers fourriers des batteries alpines reçoivent une veste en remplacement du dolman.

(3) Les sous-officiers montés et le brigadier maréchal ferrant dans les batteries alpines font usage du pantalon d'ordonnance avec bandes molletières, en remplacement du pantalon de cheval.

(4) A l'exception des sous-officiers et des brigadiers fourriers.

(5) A l'exception des maréchaux des logis chefs des bataillons d'artillerie à pied, des compagnies d'ouvriers et d'artificiers des batteries à pied d'Afrique qui sont armés du revolver et du sabre de cavalerie légère, ainsi que des sous-officiers non montés des batteries alpines qui sont armés du revolver et du sabre série Z.

(6) A l'exception des sous-officiers, brigadiers fourriers, trompettes, maréchaux ferrants et soldats ordonnances des officiers énumérés à la page 11, lesquels sont armés du revolver.

(7) A l'exception des soldats ordonnances énumérés à la page 11.

(8) Pour les maréchaux des logis chefs des bataillons d'artillerie à pied, des batteries à pied d'Afrique et des compagnies d'ouvriers et d'artificiers qui portent le sabre de cavalerie légère.

(9) Pour les militaires de l'arme qui sont énumérés au renvoi 5 pour l'artillerie, au renvoi 6 pour le train.

(10) Pour les hommes montés de l'artillerie voyageant à pied et les hommes non montés; les hommes montés et non montés du train voyageant à pied. Les maréchaux des logis chefs et les sous-officiers rengagés des batteries et compagnies d'artillerie dans lesquelles ces cadres ne sont pas montés, portent le havresac en campagne.

(11) Le havresac est porté sur les voitures quand l'ordre en est donné.

(12) Avec éperons; les sous-officiers montés et le brigadier maréchal dans les batteries alpines font usage d'éperons à la chevalière.

(13) Dans les batteries, sections de munitions et de parc, compagnies du train des équipages militaires, un approvisionnement de 20 paires de brodequins éperonnés de rechange est transporté par les voitures (non éperonnés pour les batteries de montagne).

(14) Seulement pour les sous-officiers non montés des batteries de montagne.

(15) Les hommes montés voyageant à pied et, en général, les conducteurs de l'artillerie et les cavaliers du train qui n'ont point d'animaux à conduire et à panser ne reçoivent point d'effets de pansage; ils emportent seulement une musette et un sac à avoine.

(16) Pour 2 hommes; une collection complète pour les soldats ordonnances des officiers sans troupe.

(17) Quand ces effets ne sont pas sur l'homme.

(18) Pour les conducteurs seulement, à l'exclusion des ordonnances d'officiers et des conducteurs en guides.

(19) Distribué seulement aux conducteurs de mulets de bât.

(20) Voir page 25, renvoi B.

(21) Pour les hommes non pourvus d'un havresac, à l'exclusion des sous-officiers et des brigadiers fourriers.

(22) Pour les sous-officiers et brigadiers seulement.

Dans le tableau, **H** = L'homme aura sur lui. — **P** = Paquetage de l'homme ou charge du cheval.

DÉSIGNATION des EFFETS OU OBJETS	ARTILLERIE — Hommes montés		ARTILLERIE — Hommes non montés		TRAIN DES ÉQUIPAGES — Hommes montés		TRAIN DES ÉQUIPAGES — Hommes non montés	
	H	P	H	P	H	P	H	P
Campement (20). — Etui et courroie de gamelle (23)	»	1	»	»	»	1	»	1
Etui et courroie de marmite (23)	»	1	»	»	»	1	»	1
Gamelle de campement (24 bis)	»	1	»	1	»	1	»	1
Hachette (25)	»	1	»	1	»	1	»	1
Marmite de campement (24)	»	1	»	1	»	1	»	1
Moulin à café (26)	»	1	»	1	»	1	»	1
Petit bidon de 1 litre avec courroie et enveloppe	1	»	1	»	1	»	1	»
Sac à distribution (27)	»	»	»	»	»	»	»	»
Sachets pour vivres de réserve	»	2	»	2	»	2	»	2
Seau en toile (28)	»	1	»	1	»	1	»	1
Armement (c). — Carabine	»	»	»	»	»	1(6)	1	»
Mousqueton	»	»	1(5)	»	»	»	»	»
Revolver	1	»	1(9)	»	1(9)	»	»	»
Nécessaire d'arme (pr carabine, mousqueton ou revolver)	»	1(29)	»	1(30)	»	1(24)	»	1(24)
Sabre — baïonnette	»	»	1(3)	»	»	»	1	»
Sabre — de cavalerie légère	»	1	1(9)	»	»	1(7)	»	»
Munitions. Paquets de cartouches — de carabine	»	»	»	»	3(6)	3(6)	3	3
Paquets de cartouches — de mousqueton	»	»	2(5)	1(5)	»	»	»	»
Paquets de cartouches — de revolver	2	1	2(9)	1(9)	2(31)	3(31)	»	»
Vivres et fourrages de réserve (D). du sac ou du bissac — 2 jours de biscuit	»	1	»	1	»	1	»	1
2 jours de petits vivres	»	1	»	1	»	1	»	1
2 jours de viande de conserve (32)	»	1	»	1	»	1	»	1
1 jour d'avoine (33)	»	1	»	1(19)	»	1	»	1
2 portions de potage condensé	»	1	»	1	»	1	»	1
Harnachement (34). — Bissac	»	1(33)	»	»	»	»	»	»
Couverture	»	1	»	1(19)	»	1	»	1
Ferrure	»	1(36)	»	1(37)	»	1(37)	»	1(37)
Harnachement de selle, de trait ou de bât	»	1	»	1(19)	»	1	»	1
Musette-mangeoire	»	1	»	1(19)	»	1	»	1
Surfaix	»	1	»	1(19)	»	1	»	1
Etui porte-avoine	1(38)	»	»	»	»	»	»	»
Paquet individuel de pansement (E)	1	»	1	»	1	»	1	»

OBSERVATIONS.

(23) Par ustensile.

(24) Pour 4 hommes.

(24 bis) Pour 8 hommes dans les batteries à pied et les compagnies d'ouvriers et d'artificiers; pour 4 hommes dans toutes les autres unités.

(25) Une pour 8 hommes, excepté dans les batteries montées et à cheval, dont les hommes peuvent disposer des haches et hachettes portées par les voitures.

(26) Pour 15 hommes.

(27) 6 par batterie de campagne ou de montagne, par section de munitions ou de parc, par compagnie du train; 1 par 8 hommes dans les bataillons d'artillerie à pied et dans les compagnies d'ouvriers et d'artificiers. 1 sac à distribution par groupe d'isolés des quartiers généraux et des états-majors de formation de campagne comprenant au moins 4 hommes.

(28) 1 pour 2 hommes : pour les hommes montés et non montés du train, les hommes montés de l'artillerie et les conducteurs des batteries de montagne; 1 pour 4 hommes pour les autres hommes non montés de l'artillerie.

1 seau en toile par groupe de 4 hommes ou moins de 4 hommes aux isolés des quartiers généraux et des états-majors de formation de campagne.

Chaque soldat ordonnance d'officier sans troupe reçoit un seau en toile.

(29) Seulement aux brigadiers, artificiers et maréchaux ferrants des batteries à cheval.

(30) 1 par 2 servants dans les batteries montées; 1 par 4 hommes dans les autres unités.

(31) Pour les militaires énumérés au renvoi 6, à l'exception des soldats ordonnances des officiers énumérés à la page 11, qui ne reçoivent qu'un seul paquet.

(32) Une boîte pour 2 hommes.

(33) 1 jour par animal; portée par les voitures des batteries, sections de munitions et de parc, compagnies du train. En plus, éventuellement, l'avoine de route dans le bissac ou l'étui porte-avoine.

(34) 1 par animal.

(35) Aux sous-verges seulement.

(36) Demi-ferrure et 16 clous par cheval.

(37) Une ferrure et 32 clous par animal.

(38) Aux chevaux de selle seulement.

(A) Les *adjudants* ont la même tenue que les officiers de leur arme, moins la culotte et les bottes à l'écuyère; ces effets sont remplacés par le pantalon de cheval et les bottes avec éperons; l'usage de la jumelle est pour eux facultatif.

Les médecins auxiliaires attachés aux troupes de l'artillerie portent l'uniforme des sous-officiers de cette arme avec les attributs spéciaux déterminés par la décision ministérielle du 10 mai 1886.

Il est délivré un brassard :

1° Aux infirmiers régimentaires, aux sous-officiers et soldats du train attachés à une formation sanitaire, aux conducteurs de voitures médicales régimentaires et aux soldats ordonnances des médecins (ce brassard, qui est celui de la convention de Genève, leur confère la neutralité);

2° Aux brancardiers régimentaires (ce dernier brassard ne confère pas la neutralité).

Les trompettes emportent leur instrument muni de son cordon (armée active) et de sa courroie (armée territoriale).

(B) Dans certains cas, les troupes sont pourvues de couvertures de campement et de sacs tentes-abris avec accessoires.

Les soldats ordonnances des officiers sans troupe reçoivent un nécessaire individuel de campement en remplacement de la gamelle individuelle.

(C) Les soldats ordonnances des officiers énumérés à la page 203 ne reçoivent pas de sabre; ils font exclusivement usage du revolver, à l'exception des ordonnances des médecins autres que ceux des corps de troupe.

(D) Non compris 2 jours de pain, 2 jours de petits vivres et 1 jour d'avoine au départ au titre des vivres de débarquement et le foin et l'avoine également emportés au départ pour la nourriture des chevaux pendant leur transport en chemin de fer.

(E) Chaque homme de troupe doit toujours, en cas de guerre, être porteur d'*un paquet individuel de pansement* placé dans une des poches intérieures du dolman ou de la veste.

NOTA. — Tous les effets qui ne figurent pas au nombre de ceux que la troupe doit emporter en campagne sont laissés en magasin.

La présente décision est applicable aux troupes d'Afrique appelées en Europe en cas de mobilisation, et la décision ministérielle du 26 mars 1884 (*J. M.*, P. R., page 312) aux troupes restant en Afrique.

GÉNIE. (*Armée active et armée territoriale.*)
1º Officiers (État-Major particulier et troupes), adjoints du génie, adjudants et employés militaires du génie.

DÉSIGNATION DES EFFETS OU OBJETS.	OBSERVATIONS.
Officiers, adjoints du génie, adjudants. — **Montés.** — Képi. Tunique ample (vareuse pour les employés militaires) (A). Culotte de drap avec bottes (1) (pantalon de cheval et bottes avec éperons pour les adjudants de sapeurs-conducteurs). Capote (2) ou manteau (3) avec collet à capuchon de drap ou de caoutchouc (A). Revolver et son étui (4). Epée (sabre pour les officiers et les adjudants de sapeurs-conducteurs). Dragonne de cuir. Epée sans dragonne pour les adjoints du génie. Gants de couleur (5). Jumelle d'un modèle facultatif (6). **Harnachement.** — Selle et bride complètes. Porte-sabre. Tapis (excepté pour les adjudants de sapeurs-conducteurs). Couverture placée sous le tapis. Bissac de campagne. Etui porte-avoine. Musette-mangeoire.	(A) Les officiers et les adjudants des corps de troupe portent obligatoirement en campagne la capote en drap gris de fer bleuté du modèle de la troupe, soit par-dessus la tunique ample, soit dans celle-ci. Ils portent ce dernier effet dans toutes les circonstances où la troupe est revêtue de la veste. Les dispositions qui précèdent seront appliquées au fur et à mesure de la mise en service, dans la troupe, de la capote en drap gris de fer bleuté. (1) **Jambières.** — Les officiers (état-major particulier et troupes), les adjoints et les adjudants des troupes à pied du génie sont autorisés à porter sur la culotte ou sur le pantalon des jambières en cuir noir avec des brodequins ; ces chaussures seront munies d'éperons à la chevalière pour les officiers et adjudants montés. Les officiers et les adjoints du génie montés sont autorisés à faire usage avec la culotte, en dehors du service, et dans tout service à pied où le pantalon d'ordonnance peut être porté, de jambières en drap simulant le bas du pantalon. Le port facultatif des jambières en drap est étendu aux adjoints et aux adjudants des troupes à pied du génie lorsqu'ils font usage de la culotte avec les jambières en cuir. (2) La capote est roulée contre le troussequin de la selle sur le prolongement des bandes. (3) Le manteau est roulé en deux parties et fixé sur la selle ; le collet mobile sur les sacoches. (4) Les officiers, les adjoints du génie et les adjudants emportent en campagne 18 cartouches de revolver ; ils placent 12 cartouches dans l'étui de revolver et les 6 autres dans la charge du cheval ou dans la caisse à bagages. (5) En peau de chien de nuance rouge brun. (6) L'usage de la jumelle est facultatif pour les adjoints du génie et les adjudants. (7) La capote est portée en sautoir par les officiers, les adjoints et les adjudants non montés. (8) Les officiers, les adjoints et les adjudants du génie non montés, ainsi que les employés militaires du génie sont autorisés à faire usage d'une sacoche pouvant se porter indifféremment soit en bandoulière, soit sur le dos comme le havresac. (9) Dans le service, la capote est portée quand l'ordre en est donné. En dehors du service, le port de ce vêtement est facultatif. *Officiers des détachements alpins.* — En sus des effets ou objets ci-dessus, les officiers des détachements alpins sont autorisés à porter sous la tunique ample ouverte un gilet en drap avec boutons métalliques. Ils peuvent faire usage de bandes molletières du modèle de la troupe aux lieu et place de jambières. Ils portent *obligatoirement* en campagne, *facultativement* dans les manœuvres alpines du temps de paix, le béret du modèle de la troupe. Ils doivent être munis d'une canne ferrée et d'une boussole-breloque. NOTA. — Les officiers et les employés militaires sont autorisés à porter un col blanc avec une cravate en soie noire, au lieu du col blanc fixé à la doublure du collet de l'effet. Ils doivent toujours porter, en cas de guerre, un *paquet individuel de pansement*.
Non montés. — Képi. Tunique ample (vareuse pour les employés militaires) (A). Pantalon de drap (1). Bottes ou brodequins. Capote avec collet à capuchon de drap ou de caoutchouc (7) (A). Revolver et son étui (4). Epée avec dragonne de cuir. Epée sans dragonne pour les adjoints du génie et les adjudants. Gants de couleur (5). Jumelle d'un modèle facultatif (6). Sacoche (8).	
Ouvriers d'état, portiers-consignes. — Képi. Vareuse. Pantalon de drap. Capote (9). Bottes ou brodequins. Epée sans dragonne. Sacoche (8).	

2° Troupe.

DÉSIGNATION des EFFETS OU OBJETS.	Sapeurs-mineurs et sapeurs de chemins de fer.		Sapeurs-conducteurs.		OBSERVATIONS.
	H	P	H	P	H Sur l'homme. P Paquetage de l'homme ou charge du cheval.
Plaque d'identité avec cordon..	1	»	1	»	(1) Pour les sapeurs-conducteurs conduisant les animaux de bât et les animaux haut le pied, ainsi que pour les bourreliers non montés.
Bandes molletières (pour les alpins)..................	1	»	1	»	(2) A l'exception des sapeurs-conducteurs indiqués au renvoi 1.
Bâton ferré (pour les alpins)..	1	»	1	»	(3) Pour les sous-officiers, les brigadiers fourriers et les caporaux fourriers seulement.
Bourgeron de toile........	»	»	»	1 (5)	(4) Les sous-officiers, les caporaux fourriers et les brigadiers fourriers exceptés.
Capote.................	1	»	1 (1)	»	(5) Galonnés pour les gradés.
Ceinture de flanelle	1	»	1	»	(6) Pour les militaires armés du fusil ou du mousqueton.
Ceinture de laine (pour les alpins)..............	1	»	1	»	Ne sont pas pourvus de bretelle de suspension :
Jersey (pour les alpins)...	1	»	1	»	1° Les hommes des compagnies territoriales qui n'entrent pas dans les formations de campagne ;
Manteau	»	»	»	1 (2)	2° Dans les troupes de campagne, les sergents et les fourriers. Les hommes de ces catégories ne reçoivent que 2 cartouchières.
Pantalon de drap........	1	»	1 (1)	»	(7) Les sergents-majors emportent leur ceinturon d'épée.
Pantalon de cheval........	»	»	1 (2)	»	(8) Pour les militaires énumérés au renvoi 25.
Tunique................	»	1 (3)	1 (3)	»	(9) Les sergents-majors et les sergents rengagés portent le havresac en campagne.
Veste.................	»	1 (4)	1 (4)	»	(10) Pour les militaires armés du fusil. Le porte-fourreau de sabre est substitué au porte-épée-baïonnette pour les militaires faisant usage du sabre série Z ou du sabre-baïonnette.
Calotte de drap...........	»	»	»	1 (5)	
Béret (pour les alpins)....	1	»	1	»	
Képi..................	1	»	1	»	
Bretelle de fusil........	1 (6)	»	»	»	
Bretelle de suspension....	1 (6)	»	»	»	
Bretelle porte-effets (hommes haut le pied et bourreliers non montés)....	»	»	1	»	
Cartouchière.............	3 (6)	»	»	»	
Ceinturon et accessoires..	1 (7)	»	1	»	
Dragonne de sabre.......	»	»	»	1	
Etui de revolver.........	1 (8)	»	1	»	
Havresac (9)...........	1	»	»	»	
Lanière de revolver......	»	»	1	»	
Porte-épée-baïonnette.....	1 (10)	»	»	»	
Bretelles (paire).........	1	»	1	»	
Brodequins (paire) (sans éperons)	1	»	1 (1)	1 (2)	
Brodequins (paire) (avec éperons).............	»	»	1 (2)	»	
Caleçon...............	1	»	1	1	
Calotte de coton.........	»	1	»	»	
Chemise.............	1	1	1	1	
Courroie de capote ou de manteau.............	»	1	»	1	

The row-label column carries the brace groupings: **Habillement (A).**, **Coiffure.**, **Grand équipement.**, **Petit équipement.**

(A) Il est délivré un brassard :

1° Aux infirmiers régimentaires, aux conducteurs de voitures médicales et aux soldats ordonnances des médecins (ce brassard, qui est celui de la convention de Genève, leur confère la neutralité) ;

2° Aux brancardiers régimentaires (ce dernier brassard ne confère pas la neutralité).

Les tambours emportent l'équipement de tambour complet avec deux peaux de rechange, l'une de batterie et l'autre de timbre ; les tambours-majors et les caporaux tambours, la canne spéciale à ces emplois.

Les clairons et trompettes emportent leur instrument muni de son cordon (armée active) et de sa courroie (armée territoriale).

DÉSIGNATION des EFFETS OU OBJETS.	Sapeurs-mineurs et sapeurs de chemins de fer.		Sapeurs-conducteurs.		OBSERVATIONS.
	H	P	H	P	H Sur l'homme. — P Paquetage de l'homme ou charge du cheval.
Petit équipement (suite). — Cravate	1	»	1	»	(11) Les hommes haut le pied n'ont pas d'effets de pansage : ils portent seulement une musette et un sac à avoine.
Effets de pansage (11). — Brosse en crin	»	»	»	1 (4)	(12) Pour les sous-officiers et chaque brigadier chef de détachement.
Ciseaux	»	»	»	1 (12)	(14) 3 jeux de brosses et 3 boîtes à graisse par escouade ; une collection complète pour les ordonnances montées d'officiers sans troupe.
Corde à fourrages	»	»	»	1	(15) Pour 2 hommes.
Eponge	»	»	»	1	(16) Pour les conducteurs seulement.
Etrille	»	»	»	1 (4)	(17) Tous les militaires isolés reçoivent *un nécessaire individuel de campement*, en remplacement de la gamelle individuelle et des ustensiles collectifs.
Musette de pansage	»	»	»	1 (4)	(18) Par ustensile.
Sac à avoine	»	»	»	1	(19) Pour 8 hommes.
Torchon-serviette	»	»	»	1 (4)	(19 *bis*) Pour 4 hommes.
Effets de petite monture. — Boîte à graisse	»	1 (14)	»	1 (15)	(20) Par escouade ou par groupe de 16 hommes.
Brosses d'armes	»	1 (14)	»	1 (15)	(21) 2 par escouade. 1 sac par groupe d'isolés des quartiers généraux et des états-majors de formation de campagne, comprenant au moins 4 hommes.
Brosses à habits	»	1 (14)	»	1 (15)	(22) Pour 8 hommes (sapeurs-mineurs) pour 2 hommes (sapeurs-conducteurs). Un seau en toile par groupe de 4 hommes ou moins de 4 hommes aux isolés des quartiers généraux et des états-majors de formation de campagne.
Brosses double à chaussures	»	1 (14)	»	1 (15)	Chaque ordonnance montée d'officier sans troupe reçoit un seau en toile.
Cuiller	»	1	»	1	(23) Pour les sergents-majors seulement. Les musiciens devenant brancardiers prennent l'armement et l'équipement réglementaires.
Trousse garnie sans glace	»	1	»	1	
Etui-musette	1	»	»	1	
Fouet	»	»	1 (16)	»	
Gamelle individuelle	»	1 (17)	»	1	
Guêtres de toile (paire)	»	1	»	1 (1)	
Livret individuel	»	1	»	1	
Morceau de savon	»	1	»	1	
Mouchoir	1	1	1	1	
Pantalon de treillis	»	1	»	1	
Petite besace	»	»	»	1	
Quart	1	»	1	»	
Souliers (paire)	»	1	»	1 (1)	
Sous-pieds de rechange (paire) pour guêtres de toile	»	1	»	1 (1)	
Sous-pieds de rechange (paire) pour pantalon de cheval	»	»	»	2 (2)	
Campement (c). — Etui et courroie de gamelle	»	»	»	1 (18)	
Etui et courroie de marmite	»	»	»	1 (18)	
Gamelle de campement (19)	»	1 (17)	»	1	
Marmite de campement (19 *bis*)	»	1 (17)	»	1	
Moulin à café (20)	»	1	»	1	
Petit bidon de 1 litre avec courroie et enveloppe	1	»	1	»	
Sac à distribution	»	1 (21)	»	»	
Sachets pour vivres de réserve	»	2	»	2	
Seau en toile (22)	»	1	»	1	

(c) Dans certains cas, les troupes sont pourvues de couvertures de campement et de sacs tentes-abris avec accessoires.

DÉSIGNATION des EFFETS OU OBJETS.	Sapeurs-mineurs et sapeurs de chemins de fer.		Sapeurs-conducteurs.		OBSERVATIONS. H Sur l'homme. P Paquetage de l'homme ou charge du cheval.
	H	P	P	H	
Armement. Epée de sous-officier, modèle 1884	1 (23)	»	»	»	(24) 1 pour 4 hommes.
Fusil avec épée-baïonnette	1 (28)	»	»	»	(25) Les sergents-majors et les tambours sont armés du revolver.
Mousqueton	1 (29)	»	»	»	
Nécessaire d'armes	»	1 (24)	»	1 (24)	(25) Les tambours et les infirmiers régimentaires ont le sabre série Z.
Revolver	1 (25)	»	1	»	
Sabre série Z	1 (26)	»	1 (1)	»	
Sabre	»	»	»	1	(27) Comme pour l'infanterie (voir le renvoi 24 de la page 9).
Sabre-baïonnette	1 (29)	»	»	»	
Munitions. Paquets de cartouches, de fusil	15 (27)	»	»	»	(28) A l'exception des sergents-majors, tambours, infirmiers régimentaires et des sapeurs-aérostiers.
de revolver	2 (8)	1 (8)	2	1	
de mousqueton	(33)	»	»	»	
Outils portatifs	»	(D)	»	»	(29) Pour les sapeurs-aérostiers.
Vivres et fourrages (E). 2 jours de biscuit	»	1	»	1	
2 jours de petits vivres	»	1	»	1	(30) Une boîte pour deux hommes.
2 jours de viande de conserve (30)	»	1	»	1	
2 portions de potage condensé	»	1	»	1	(31) Par animal.
1 jour d'avoine (31)	»	»	»	1	
Harnachement (34). Bissac	»	»	»	1	(32) 4 fers, 32 clous par animal.
Couverture	»	»	»	1	
Ferrure (32)	»	»	»	1	(33) Il est délivré aux aérostiers munis du mousqueton : sous-officiers, 36 cartouches ; caporaux et soldats, 78 cartouches.
Harnachement de selle, de trait ou de bât	»	»	»	1	
Musette-mangeoire	»	»	»	1	
Surfaix	»	»	»	1	
Paquet individuel de pansement (F)	1	»	1	»	

(D) Les compagnies de sapeurs-mineurs divisionnaires, de réserve ou de place, et les compagnies de sapeurs de chemins de fer emportent un assortiment d'outils. — Les compagnies d'aérostiers n'ont pas d'outils portatifs.

(E) Non compris 2 jours de pain, 2 jours de petits vivres et 1 jour d'avoine emportés au titre des vivres de débarquement, et le foin et l'avoine également emportés au départ pour la nourriture des chevaux pendant leur transport en chemin de fer.

(F) Chaque homme de troupe doit toujours, en cas de guerre, être porteur d'un *paquet individuel de pansement*, placé dans une des poches intérieures de la tunique ou de la veste.

Soldats ordonnances des officiers brevetés ou non appartenant à des régiments qui sont employés dans les états-majors.

Les ordonnances appartenant à des troupes à pied reçoivent, en remplacement du pantalon d'ordonnance et de la capote, un pantalon de cheval et un manteau (sans écussons à numéros) à l'uniforme du train des équipages militaires.

Ils reçoivent, en outre, une paire de bottines éperonnées, un revolver avec étui et lanière, une collection d'effets de pansage et un sac à avoine.

NOTA. — Tous les effets qui ne figurent pas au nombre de ceux que la troupe doit emporter en campagne sont laissés en magasin.

La présente décision est applicable aux troupes d'Afrique appelées en Europe, en cas de mobilisation, et la décision ministérielle du 25 mars 1884 (*J. M.*, P. R., p. 322) aux troupes restant en Algérie.

GENDARMERIE.

(ARMÉE ACTIVE ET ARMÉE TERRITORIALE.)

1° Officiers et Adjudants.

DÉSIGNATION DES EFFETS.	OBSERVATIONS.
Gendarmerie départementale d'Afrique et de la Corse et garde républicaine. *Officiers et adjudants montés.* Képi (1). Tunique (2). Hongroise bleue (3). Grandes bottes. Gants de couleur (4). Capote avec collet à capuchon de drap ou de caoutchouc (5). Revolver et son étui (6). Sabre avec dragonne en cuir. Jumelle d'un modèle facultatif (7). Porte-cartes (7). *Harnachement.* Selle et bride complètes. Tapis de petite tenue. Couverture placée sous le tapis. Bissac de campagne. Etui porte-avoine. Musette-mangeoire. *Officiers et adjudants non montés de la garde républicaine.* Képi. Tunique (2). Pantalon de drap. Brodequins ou petites bottes. Gants de couleur (4). Capote avec collet à capuchon de drap ou de caoutchouc (8). Revolver et son étui (6). Epée avec dragonne. Jumelle d'un modèle facultatif (7). Porte-cartes (7). Sacoche (9).	(1) Dans le cas où la cavalerie de la garde républicaine serait appelée à marcher comme troupe de combat, ses officiers porteraient le casque. (2) Les officiers emportent dans leur caisse à bagages une paire d'épaulettes et des aiguillettes qu'ils mettront dans les circonstances exceptionnelles de service indiquées par le commandement. (3) L'usage du pantalon et celui des jambières de drap sont autorisés dans les mêmes circonstances qu'en temps de paix. (4) En peau de chien de nuance rouge brun. (5) La capote est roulée et placée en arrière du troussequin. (6) Les officiers et les adjudants emportent 18 cartouches de revolver ; ils placent 12 cartouches dans l'étui de revolver et les 6 autres dans la charge du cheval ou dans la caisse à bagages. (7) L'usage de la jumelle et du porte-cartes est facultatif. (8) La capote est portée en sautoir par les officiers et les adjudants non montés. (9) Les officiers et les adjudants non montés sont autorisés à faire usage d'une sacoche pouvant se porter indifféremment en bandoulière ou sur le dos comme le havresac. — Nota. — Les officiers sont autorisés à porter un col blanc avec une cravate en soie noire, au lieu du col blanc fixé à la doublure du collet de l'effet Les officiers et les adjudants doivent toujours porter, en cas de guerre, *un paquet individuel de pansement.*

2º Troupe.

DÉSIGNATION des EFFETS OU OBJETS.	GENDARMERIE DÉPARTEMENTALE de l'intérieur et Garde républicaine.				GENDARMERIE d'Afrique et de la Corse.				OBSERVATIONS.
	Arme à pied.		Arme à cheval.		Arme à pied.		Arme à cheval.		(H) Sur l'homme. (P) Dans le paquetage.
	H	P	H	P	H	P	H	P	
Plaque d'identité avec cordon.	1	»	1	»	1	»	1	»	(1) Dans le cas où la cavalerie de la garde républicaine serait appelée à marcher comme troupe de combat, elle porterait le casque.
Habillement — Bourgeron de toile.	»	1	»	1	»	1	»	1	
Capote-manteau...	»	1	»	»	»	1	»	»	
Ceinture de flanelle.	1	»	1	»	1	»	1	»	
Hongroise bleue....	»	»	1	1	»	»	»	»	
Manteau.........	»	»	»	1	»	»	»	1	
Pantalon de cheval.	»	»	»	»	»	»	1	»	
Pantalon de drap...	1	»	»	»	1	»	»	»	(2) Placée à droite sur le devant et supportée par la courroie de ceinture du revolver.
Pantalon de treillis.	»	1	»	1	»	1	»	1	
Trèfle et aiguillettes.	1	»	1	»	1	»	1	»	
Tunique.........	1	»	1	»	1	»	1	»	
Coiffure. — Calotte de drap....	»	1	»	1	»	1	»	1	
Képi (1)..........	1	»	1	»	1	»	1	»	
Grand équipement. — Bretelle de carabine ou de fusil.....	1	»	»	»	1	»	»	»	
Ceinturon.........	1	»	1	»	1	»	1	»	
Dragonne	»	»	1	»	»	»	1	»	
Etui et lanière de revolver......	1	»	1	»	1	»	1	»	
Giberne-cartouchière (2)............	1	»	»	»	1	»	»	»	
Havresac.........	1	»	»	»	1	»	»	»	
Portefeuille de correspondance.....	1	»	1	»	1	»	1	»	
Petit équipement. — Grandes bottes (paire)............	»	»	1	»	»	»	»	»	
Petites bottes (paire) avec éperons pour l'arme à cheval..	»	1	»	»	»	»	1	»	
Brodequins (paire).	1	»	»	1	1	1	»	1	
Bretelles (paire)....	1	»	1	»	1	»	1	»	
Caleçon......... ..	1	1	1	1	1	1	1	1	
Chemise..........	1	1	1	1	1	1	1	1	
Courroie de capote ou de manteau...	»	1	»	1	»	1	»	1	
Cravate..........	»	1	»	1	»	1	»	1	
Effets de pansage. — Brosse en crin .	»	»	»	1	»	»	»	1	
Ciseaux.........	»	»	»	1	»	»	»	1	
Corde à fourrage...........	»	»	»	1	»	»	»	1	
Eponge.........	»	»	»	1	»	»	»	1	
Etrille..........	»	»	»	1	»	»	»	1	
Musette de pansage.........	»	»	»	1	»	»	»	1	

DÉSIGNATION des EFFETS OU OBJETS	GENDARMERIE DÉPARTEMENTALE de l'intérieur et Garde républicaine.				GENDARMERIE D'AFRIQUE et de la Corse.				OBSERVATIONS.
	Arme à pied.		Arme à cheval.		Arme à pied.		Arme à cheval.		(H) Sur l'homme. (P) Dans le paquetage.
	H	P	H	P	H	P	H	P	
Petit équipement. (Suite.) — Effets de petite monture — Brosse : Boîte à graisse	»	1	»	1	»	1	»	1	(3) Tous les gendarmes isolés reçoivent un *nécessaire individuel de campement*, en remplacement de la gamelle individuelle et des ustensiles collectifs.
d'armes...	»	1	»	1	»	1	»	1	
à boutons.	»	1	»	1	»	1	»	1	
à habits...	»	1	»	1	»	1	»	1	(4) Par ustensile.
double à chaussures									
Cuiller	»	1	»	1	»	1	»	1	(5) Deux pour 15 hommes, portées par les brigadiers.
Fiole à tripoli.	»	1	»	1	»	1	»	1	
Trousse garnie.	»	1	»	1	»	1	»	1	
Gamelle individuelle (3)	»	1	»	1	»	1	»	1	(6) Une pour 4 hommes, placée dans les voitures de la prévôté.
Livret individuel...	»	1	»	1	»	1	»	1	
Morceau de savon..	»	1	»	1	»	1	»	1	(7) Un pour 4 hommes à pied.
Mouchoir	1	1	1	1	1	1	1	1	
Objets de sûreté ...	»	1	»	1	»	1	»	1	(8) Un pour deux hommes montés et un pour 4 hommes à pied.
Patience	»	1	»	1	»	1	»	1	
Sac à avoine	»	»	»	1	»	1	»	1	
Sachet à cartouches.	»	2	»	1	»	2	»	1	(9) Dans le cas où la cavalerie de la garde républicaine serait appelée à marcher comme troupe de combat, elle prendrait l'armement indiqué par le commandement.
Serviette	»	1	»	1	»	1	»	1	
Sous-pieds pour pantalon de cheval..	»	»	»	»	»	»	1	1	
Campement. — Étui de marmite (4).	»	»	»	»	»	»	»	»	
Hachette (5)	»	1	»	1	»	1	»	1	
Marmite de campement (6)	»	»	»	»	»	»	»	»	
Petit bidon individuel, avec quart adhérent, courroie et enveloppe	1	»	1	»	1	»	1	»	
Sac à distribution (7)	»	1	»	»	»	1	»	»	
Sachets à vivres....	»	2	»	2	»	2	»	2	
Seau en toile (8)...	»	1	»	1	»	1	»	1	
Armement (9). — Carabine avec sabre-baïonnette ou fusil avec épée-baïonnette.	1	»	»	»	1	»	»	»	
Nécessaire d'armes.	»	1	»	1	»	1	»	1	
Revolver	1	»	1	»	1	»	1	»	
Sabre	»	»	1	»	»	»	1	»	
Munitions. — Cartouches de carabine ou de fusil....	12	24	»	»	12	24	»	»	
de revolver....	12	18	12	18	12	18	12	18	

DÉSIGNATION des EFFETS OU OBJETS.	GENDARMERIE DÉPARTEMENTALE de l'intérieur et Garde républicaine.				GENDARMERIE D'AFRIQUE et de la Corse.				OBSERVATIONS. — (H) Sur l'homme. (P) Dans le paquetage.
	Arme à pied.		Arme à cheval.		Arme à pied.		Arme à cheval.		
	H	P	H	P	H	P	H	P	
Vivres et fourrages (A). 2 jours de biscuit..	»	1	»	1	»	1	»	1	(10) Une boîte pour 2 hommes.
2 jours de petits vivres............	»	1	»	1	»	1	»	1	(11) Par cheval.
2 jours de viande de conserve (10)....	»	1	»	1	»	1	»	1	(12) Les deux autres fers avec leurs clous sont dans des caisses sur les voitures.
2 portions de potage condensé...... .	»	1	»	1	»	1	»	1	
1 jour d'avoine (11)	»	»	»	1	»	»	»	1	
Harnachement (11). Bissac de campagne.	»	»	»	1	»	»	»	1	
Couverture........	»	»	»	1	»	»	»	1	
Ferrure : 2 fers et 32 clous, dont 16 à glace (12)......	»	»	»	1	»	»	»	1	
Musette-mangeoire .	»	»	»	1	»	»	»	1	
Selle et bride complètes..........	»	»	»	1	»	»	»	1	
Surfaix de couverture..........	»	»	»	1	»	»	»	1	
Paquet individuel de pansement (B).............	1	»	1	»	»	»	1	»	

(A) Non compris 2 jours de pain, 2 jours de petits vivres et 1 jour d'avoine emportés au départ au titre des vivres de débarquement, et le foin et l'avoine également emportés au départ pour la nourriture des chevaux pendant leur transport en chemin de fer.

(B) Chaque homme doit toujours, en cas de guerre, être porteur d'un *paquet individuel de pansement,* placé dans la poche intérieure de la tunique.

SECTIONS DE CHEMINS DE FER DE CAMPAGNE.

SERVICE DE LA TRÉSORERIE ET DES POSTES AUX ARMÉES.

Service de la télégraphie militaire.

(A)

DÉSIGNATION DES EFFETS OU OBJETS.
Agents supérieurs (directeurs, chefs de service, sous-chefs de service de 1re et de 2e classe, employés principaux de 1re et de 2e classe) des sections de chemins de fer de campagne......... Képi. Vareuse. Pantalon de drap. Gilet. Bottes ou brodequins. Capote et collet à capuchon (de drap ou de caoutchouc). Revolver et son étui. Epée sans dragonne. Gants.
Agents supérieurs et agents du service de la trésorerie et des postes aux armées............. Képi. Vareuse. Pantalon de drap (avec sous-pieds pour les agents montés). *ou :* Culotte de drap avec bottes pour les agents montés. Bottes (avec éperons pour les agents montés). Capote ou manteau et collet à capuchon (de drap ou de caoutchouc). Revolver et son étui. Epée sans dragonne. Gants. Harnachement. — Selle et bride complètes. Tapis. Portemanteau. Couverture placée sous le tapis. Etui porte-avoine. Bissac de campagne. Musette-mangeoire.
Fonctionnaires du service de la télégraphie militaire............... Képi. Vareuse. Pantalon de drap (avec sous-pieds). *ou :* Culotte de drap et bottes. Bottes avec éperons. Manteau et collet à capuchon (de drap ou de caoutchouc). Revolver et son étui. Sabre avec dragonne en cuir. Gants. Marmite de campement. Harnachement. — Selle et bride complètes. Tapis. Couverture placée sous le tapis. Etui porte-avoine. Bissac de campagne. Musette-mangeoire.

(A) La tenue dont la composition est déterminée par le présent tableau est prise, en temps de guerre et en temps de paix, dans toutes les réunions prescrites par l'autorité militaire.

Dans ce dernier cas, on ne fait pas usage du revolver et la tenue du jour se distingue de celle du matin par le port du sabre ou de l'épée.

Nota. — Les observations communes du tableau suivant (page 35, colonne spéciale), sont applicables aux agents et fonctionnaires indiqués ci-dessus. — Ces agents et fonctionnaires doivent toujours porter, en cas de guerre, *un paquet individuel de pansement.*

CORPS DES CHASSEURS FORESTIERS.
CORPS MILITAIRES DES DOUANES.

DÉSIGNATION DES EFFETS OU OBJETS.	OBSERVATIONS COMMUNES A TOUS LES PERSONNELS.
Chasseurs forestiers. — *Officiers montés.* Képi. Tunique-jaquette avec brides d'épaules en poil de chèvre. Cravate en soie noire. Culotte de drap avec bottes. Capote et collet à capuchon (de drap ou de caoutchouc). Revolver et son étui. Sabre avec dragonne à gland en cuir. Gants. *Harnachement :* Selle et brides complètes. Tapis. Couverture placée sous le tapis. Étui porte-avoine. Bissac de campagne. Musette-mangeoire. *Officiers non montés.* Képi. Tunique-jaquette avec brides d'épaules en poil de chèvre. Cravate en soie noire. Pantalon de drap. Brodequins ou bottes. Capote et collet à capuchon (de drap ou de caoutchouc). Revolver et son étui. Sabre avec dragonne à gland d'argent. Gants. **Douaniers.** — *Officiers montés.* Képi. Dolman avec pattes d'épaules en poil de chèvre. Culotte de drap avec bottes. Capote et collet à capuchon (de drap ou de caoutchouc). Revolver et son étui. Sabre avec dragonne en cuir. Gants. *Harnachement :* Selle et brides complètes. Tapis. Couverture placée sous le tapis. Étui porte-avoine. Bissac de campagne. Musette-mangeoire. *Officiers non montés.* Képi. Dolman avec pattes d'épaules en poil de chèvre. Pantalon de drap. Brodequins ou bottes. Capote et collet à capuchon (de drap ou de caoutchouc). Revolver et son étui. Sabre avec dragonne en cuir. Gants.	**Brassard.** — Les médecins attachés aux corps ou services, ainsi que le personnel sous leurs ordres, prennent le brassard de la convention de Genève. **Brodequins.** — Les officiers, fonctionnaires et agents non montés peuvent faire usage de brodequins. **Capote ou manteau et collet à capuchon.** — La capote est portée en sautoir par les officiers, fonctionnaires et agents non montés ; à cheval, le manteau est roulé contre le trousséquin de la selle. **Gants.** — En tenue de campagne, il est fait usage de gants en peau de chien de nuance rouge brun. **Jambières.** — Les officiers des chasseurs forestiers et des douanes, les fonctionnaires du service de la télégraphie militaire, les agents supérieurs et agents du service de la trésorerie et des postes et les agents supérieurs des sections de chemins de fer sont autorisés, en campagne, à faire usage de la culotte, en dehors du service et, dans tout service à pied où le pantalon d'ordonnance peut être porté, de jambières de drap simulant le bas du pantalon. Dans le service, soit à pied, soit à cheval, ces mêmes officiers, fonctionnaires et agents peuvent porter des jambières en cuir noir avec des brodequins ; ceux qui sont montés mettent des éperons à la chevalière sur cette chaussure. **Jumelle.** — L'usage de la jumelle est facultatif en campagne pour les officiers de chasseurs forestiers et des douanes, les fonctionnaires du service de la télégraphie militaire et les agents des sections de chemins de fer et du service de la trésorerie et des postes. **Munitions.** — Les officiers de chasseurs forestiers et des douanes, les fonctionnaires du service de la télégraphie militaire et les agents des sections de chemins de fer et du service de la trésorerie et des postes, emportent en campagne 18 cartouches de revolver ; ils placent 12 cartouches dans l'étui de revolver et les 6 autres dans la charge du cheval ou dans la caisse à bagages. **Sacoche.** — Les officiers, fonctionnaires et agents non montés sont autorisés à faire usage, en campagne, d'une sacoche pouvant se porter indifféremment, soit en bandoulière, soit sur le dos comme le havresac. **Vareuse-veston.** — Le port de la vareuse ou du veston est autorisé en campagne pour les officiers, fonctionnaires et agents qui en font usage en temps de paix et dans les circonstances où l'emploi de cet effet est toléré. Les officiers, fonctionnaires et agents sont autorisés à porter un col blanc avec une cravate en soie noire, au lieu du col blanc fixé à la doublure du collet de l'effet. Ils doivent toujours porter, en cas de guerre, *un paquet individuel de pansement.*

Tableau — Effets et objets d'habillement et d'équipement (partie gauche, pages 36-37).

Colonnes (H. Sur l'homme — P. Dans le paquetage) :

DÉSIGNATION des EFFETS OU OBJETS	Sous-officiers de la justice militaire faisant partie des conseils de guerre (adjudants exceptés).		Sections de chemins de fer de campagne. — Employés, chefs, sous-chefs ouvriers et ouvriers.		Service de la trésorerie et des postes aux armées. — Sous-agents.		Service de la télégraphie militaire. — Télégraphistes.	
	H	P	H	P	H	P	H	P
Plaque d'identité avec cordon	1	»	1	»	1	»	1	»
Habillement (A) — Bourgeron de toile pour le travail (ouvriers et premiers ouvriers)	»	»	»	1	»	»	»	»
Caban à capuchon	»	»	»	»	»	1	»	»
Capote	»	»	1	»	»	»	»	1
Ceinture de flanelle	1	»	1	»	1	»	1	»
Ceinture de gymnastique	»	»	»	»	»	»	»	»
Collet à capuchon	»	»	»	»	»	»	»	»
Dolman	»	»	»	»	»	»	1	»
Gilet	»	»	»	»	1	»	»	»
Jaquette	»	»	»	»	»	»	»	»
Manteau à capuchon	1	»	»	»	»	»	»	»
Pantalon de drap	1	»	1	»	1	»	1	»
Pantalon de toile (employés exceptés)	»	»	»	1	»	1	»	1
Tenue de travail (blouse et pantalon en toile ou en lainage)	»	»	»	»	»	»	»	»
Tunique	1	1	»	1 (1)	1	»	»	»
Vareuse-veston	»	»	»	»	1	»	»	»
Veste	»	»	»	1	»	»	»	»
Veston	»	»	»	»	1	»	»	»
Coiffure (B) — Casquette	»	»	»	»	1	»	»	»
Képi	1	»	1	»	1	»	1	»
Manchon en toile de coton pour képi	»	»	1 (17)	»	»	»	»	»
Grand équipement (C) — Bretelle de carabine	[illegible]	[illegible]	[illegible]	[illegible]	[illegible]	[illegible]	[illegible]	[illegible]
Bretelle de mousqueton	[illegible]	[illegible]	[illegible]	[illegible]	[illegible]	[illegible]	[illegible]	[illegible]
Cartouchière	[illegible]	[illegible]	[illegible]	[illegible]	[illegible]	[illegible]	[illegible]	[illegible]
Ceinturon complet	1	»	1	»	»	1	1 (3)	»
Dragonne de sabre	[illegible]	[illegible]	[illegible]	[illegible]	[illegible]	[illegible]	[illegible]	[illegible]
Étui de revolver	1	»	»	»	»	»	»	»
Havresac	1 (5)	»	1	»	»	»	1	»
Sac-besace	[illegible]	[illegible]	[illegible]	[illegible]	[illegible]	[illegible]	[illegible]	[illegible]
Petit équipement (c) — Bottes ou brodequins (paire)	[illegible]	[illegible]	[illegible]	[illegible]	[illegible]	[illegible]	[illegible]	[illegible]
Bretelles (paire)	[illegible]	[illegible]	[illegible]	[illegible]	[illegible]	[illegible]	[illegible]	[illegible]
Chemise	[illegible]	[illegible]	[illegible]	[illegible]	[illegible]	[illegible]	[illegible]	[illegible]
Courroie de capote	[illegible]	[illegible]	[illegible]	[illegible]	[illegible]	[illegible]	[illegible]	[illegible]
Cravate de coton	[illegible]	[illegible]	[illegible]	[illegible]	[illegible]	[illegible]	[illegible]	[illegible]
Calotte de coton	[illegible]	[illegible]	[illegible]	[illegible]	[illegible]	[illegible]	[illegible]	[illegible]
Caleçon	[illegible]	[illegible]	[illegible]	[illegible]	[illegible]	[illegible]	[illegible]	[illegible]
Effets de petite monture — Boîte à graisse (6)	[illegible]	[illegible]	[illegible]	[illegible]	[illegible]	[illegible]	[illegible]	[illegible]
Brosse d'armes (6)	[illegible]	[illegible]	[illegible]	[illegible]	[illegible]	[illegible]	[illegible]	[illegible]
Brosse double à chaussures (6)	[illegible]	[illegible]	[illegible]	[illegible]	[illegible]	[illegible]	[illegible]	[illegible]
Brosse à habits (6)	[illegible]	[illegible]	[illegible]	[illegible]	[illegible]	[illegible]	[illegible]	[illegible]
Cuiller	[illegible]	[illegible]	[illegible]	[illegible]	[illegible]	[illegible]	[illegible]	[illegible]
Trousse garnie (sans glace)	[illegible]	[illegible]	[illegible]	[illegible]	[illegible]	[illegible]	[illegible]	[illegible]

Suite du tableau (Service de la télégraphie militaire, Corps militaires) :

DÉSIGNATION des EFFETS OU OBJETS	Service de la télégraphie militaire. — Chefs d'équipe, maîtres-ouvriers et ouvriers.		Corps militaire des chasseurs forestiers. — Sous-officiers, caporaux et soldats.		Corps militaire des douanes. — Sous-officiers, caporaux et soldats.	
	H	P	H	P	H	P
Plaque d'identité avec cordon	1	»	1	»	1	»
Bourgeron de toile pour le travail (ouvriers et premiers ouvriers)	[illegible]	[illegible]	[illegible]	[illegible]	[illegible]	[illegible]
Caban à capuchon	[illegible]	[illegible]	[illegible]	[illegible]	[illegible]	[illegible]
Capote	[illegible]	[illegible]	[illegible]	[illegible]	[illegible]	[illegible]
Ceinture de flanelle	[illegible]	[illegible]	[illegible]	[illegible]	[illegible]	[illegible]
Ceinture de gymnastique	[illegible]	[illegible]	[illegible]	[illegible]	[illegible]	[illegible]
Collet à capuchon	[illegible]	[illegible]	[illegible]	[illegible]	[illegible]	[illegible]
Dolman	[illegible]	[illegible]	[illegible]	[illegible]	[illegible]	[illegible]
Gilet	[illegible]	[illegible]	[illegible]	[illegible]	[illegible]	[illegible]
Jaquette	[illegible]	[illegible]	[illegible]	[illegible]	[illegible]	[illegible]
Manteau à capuchon	[illegible]	[illegible]	[illegible]	[illegible]	[illegible]	[illegible]
Pantalon de drap	[illegible]	[illegible]	[illegible]	[illegible]	[illegible]	[illegible]
Pantalon de toile (employés exceptés)	[illegible]	[illegible]	[illegible]	[illegible]	[illegible]	[illegible]
Tenue de travail	[illegible]	[illegible]	[illegible]	[illegible]	[illegible]	[illegible]
Tunique	[illegible]	[illegible]	[illegible]	[illegible]	[illegible]	[illegible]
Vareuse-veston	[illegible]	[illegible]	[illegible]	[illegible]	[illegible]	[illegible]
Veste	[illegible]	[illegible]	[illegible]	[illegible]	[illegible]	[illegible]
Veston	[illegible]	[illegible]	[illegible]	[illegible]	[illegible]	[illegible]
Casquette	[illegible]	[illegible]	[illegible]	[illegible]	[illegible]	[illegible]
Képi	[illegible]	[illegible]	[illegible]	[illegible]	[illegible]	[illegible]
Manchon en toile de coton pour képi	[illegible]	[illegible]	[illegible]	[illegible]	[illegible]	[illegible]
Bretelle de carabine	[illegible]	[illegible]	2 (3)	[illegible]	2 (3)	[illegible]
Bretelle de mousqueton	[illegible]	[illegible]	1 (3)	[illegible]	1 (3)	[illegible]
Cartouchière	[illegible]	[illegible]	1 (4)	[illegible]	1 (4)	[illegible]
Ceinturon complet	[illegible]	[illegible]	1 (4)	[illegible]	1 (4)	[illegible]
Dragonne de sabre	[illegible]	[illegible]	[illegible]	[illegible]	[illegible]	[illegible]
Étui de revolver	[illegible]	[illegible]	[illegible]	[illegible]	[illegible]	[illegible]
Havresac	[illegible]	[illegible]	[illegible]	[illegible]	[illegible]	[illegible]
Sac-besace	[illegible]	[illegible]	[illegible]	[illegible]	[illegible]	[illegible]
Bottes ou brodequins (paire)	[illegible]	[illegible]	[illegible]	[illegible]	[illegible]	[illegible]
Bretelles (paire)	[illegible]	[illegible]	[illegible]	[illegible]	[illegible]	[illegible]
Chemise	[illegible]	[illegible]	[illegible]	[illegible]	[illegible]	[illegible]
Courroie de capote	[illegible]	[illegible]	[illegible]	[illegible]	[illegible]	[illegible]
Cravate de coton	[illegible]	[illegible]	[illegible]	[illegible]	[illegible]	[illegible]
Calotte de coton	[illegible]	[illegible]	[illegible]	[illegible]	[illegible]	[illegible]
Caleçon	[illegible]	[illegible]	[illegible]	[illegible]	[illegible]	[illegible]
Boîte à graisse (6)	[illegible]	[illegible]	[illegible]	[illegible]	[illegible]	[illegible]
Brosse d'armes (6)	[illegible]	[illegible]	[illegible]	[illegible]	[illegible]	[illegible]
Brosse double à chaussures (6)	[illegible]	[illegible]	[illegible]	[illegible]	[illegible]	[illegible]
Brosse à habits (6)	[illegible]	[illegible]	[illegible]	[illegible]	[illegible]	[illegible]
Cuiller	[illegible]	[illegible]	[illegible]	[illegible]	[illegible]	[illegible]
Trousse garnie (sans glace)	[illegible]	[illegible]	[illegible]	[illegible]	[illegible]	[illegible]

OBSERVATIONS.

H. Sur l'homme. — P. Dans le paquetage.

(1) Pour les employés, les chefs et sous-chefs ouvriers.

(2) Excepté les sergents-majors des chasseurs forestiers, ainsi que les sergents-majors et les tambours des douanes.

(3) Les sergents-majors portent le ceinturon en cuir verni; il en est de même des télégraphistes.

(4) Pour les sergents-majors.

(5) Les sergents-majors et les sous-officiers rengagés portent le havresac en campagne.

(6) 4 jeux de brosses et 4 boîtes à graisse par escouade dans les sections constituées ou groupes de 4 hommes; une collection de ces objets par homme pour ceux qui doivent opérer individuellement.

(A) **Habillement.** — Les agents du service télégraphique du territoire, mis sur le pied de guerre, portent un brassard qui reçoit en son milieu l'attribut du service.

(B) **Grand équipement, armement et munitions.** — Selon les circonstances, les employés, les chefs et sous-chefs ouvriers et les ouvriers des sections de chemins de fer de campagne peuvent être armés du fusil sur l'ordre du général en chef; ils reçoivent alors une bretelle de fusil, une ou deux cartouchières et des munitions.

Les sous-officiers de la justice militaire emportent le grand équipement (ceinturon complet et étui de revolver) du temps de paix. Au moment de la mobilisation, ils reçoivent un havresac des magasins de l'État.

(c) **Petit équipement.** — Au moment de la mobilisation, les employés, les chefs et sous-chefs ouvriers et les ouvriers des sections de chemins de fer de campagne reçoivent, s'il est nécessaire, des magasins de l'État, à charge de remboursement, les effets de petit équipement et les ceintures de flanelle indiqués dans le tableau ci-contre.

Les sous-officiers de la justice militaire emportent un étui-musette qu'ils reçoivent des magasins de l'État; cet étui est garni des effets de petit équipement strictement nécessaires (linge, brosses, etc.), qui sont leur propriété dès le temps de paix.

DÉSIGNATION des EFFETS OU OBJETS.

Tableau (suite) — Colonnes : Sous-officiers de la justice militaire ; Sections de chemins de fer de campagne ; Service de la trésorerie et des postes aux armées ; Service de la télégraphie militaire.

Désignation des effets ou objets	Sous-officiers de la justice militaire faisant partie des conseils de guerre (adjudants exceptés). H	P	Sections de chemins de fer de campagne. — Employés, chefs, sous-chefs ouvriers et ouvriers. H	P	Service de la trésorerie et des postes aux armées. — Sous-agents. H	P	Service de la télégraphie militaire. — Télégraphistes. H	P
Petit équipement (c). (Suite)								
Étui-musette	»	1	1	»	1	»	1	»
Gamelle individuelle (7)	»	»	»	1	»	1	»	1
Guêtres de toile (paire)	»	»	»	»	»	»	»	»
Livret individuel	»	1	»	»	»	»	»	»
Morceau de savon	»	»	»	1	»	1	»	1
Mouchoir	»	»	1	1	1	1	1	1
Quart	»	»	1	»	1	»	1	»
Souliers (paire)	»	»	»	»	»	»	»	»
S*-pieds de rechange pour guêtres (paire)	»	»	»	»	»	»	»	»
Couverture	»	»	»	»	»	1	»	»
Campement (o)								
Gamelle de campement (8)	»	»	»	1	»	»	»	»
Hachette (9)	»	»	»	1	»	»	»	»
Marmite de campement (8 bis)	»	»	»	1	»	1	»	»
Moulin à café (10)	»	»	»	1	»	»	»	»
Nécessaire individuel de campement	»	1	»	1 (11)	»	1 (11)	»	1 (11)
Petit bidon de 2 litres avec courroie et enveloppe	»	»	»	»	»	»	»	»
de 1 litre	»	»	1	»	1	»	1	»
Sac à distribution (9)	»	»	»	1	»	1	»	1
Sachets à vivres	»	2	»	2	»	»	»	»
Seau en toile (V)	»	»	»	1	»	1	»	1
Armement. (V. renvoi B de la page précédente.)								
Carabine avec sabre-baïonnette	»	»	»	»	»	»	»	»
Mousqueton avec sabre-baïonnette	»	»	»	»	»	»	»	»
Nécessaire d'armes	»	»	»	»	»	»	»	»
Revolver	1	»	1	»	1	»	1	»
Sabre baïonnette, série Z	»	»	1	»	»	»	»	»
Sabre modèle des adjudants	1	»	»	»	»	»	1	»
Munitions. (V. renvoi B de la page précédente.)								
Paquets de cartouches de carabine	»	»	»	»	»	»	»	»
Paquets de cartouches de mousqueton	»	»	»	»	»	»	»	»
Paquets de cartouches de revolver	»	(15)	2	1	2	1	2	1
Vivres (k). — 2 jours de :								
biscuit	»	1	»	»	»	»	»	»
petits vivres	»	1	»	»	»	»	»	»
viande de conserve (16)	»	1	»	»	»	»	»	»
portions de potage condensé	»	1	»	»	»	»	»	»
Paquet individuel de pansement (P)	1	»	1	»	1	»	1	»

Tableau (suite) — Colonnes : Service de la télégraphie militaire (Chefs d'équipe, maîtres-ouvriers et ouvriers) ; Corps militaire des chasseurs forestiers ; Corps militaire des douanes.

Désignation des effets ou objets	Chefs d'équipe, maîtres-ouvriers et ouvriers. H	P	Corps militaire des chasseurs forestiers. — Sous-officiers, caporaux et soldats. H	P	Corps militaire des douanes. — Sous-officiers, caporaux et soldats. H	P
Petit équipement (c). (Suite)						
Étui-musette	1	»	1	»	1	»
Gamelle individuelle (7)	»	1	»	1	»	1
Guêtres de toile (paire)	»	»	»	1	»	1
Livret individuel	»	»	»	1	»	1
Morceau de savon	»	1	»	1	»	1
Mouchoir	1	1	1	1	1	1
Quart	1	»	1	»	»	1
Souliers (paire)	»	»	»	»	»	1
S*-pieds de rechange pour guêtres (paire)	»	»	»	»	»	»
Couverture	»	»	»	»	»	»
Campement (o)						
Gamelle de campement (8)	»	1	»	1	»	1
Hachette (9)	»	1	»	1	»	1
Marmite de campement (8 bis)	»	»	»	1	»	1
Moulin à café (10)	»	»	»	1	»	1
Nécessaire individuel de campement	»	1 (11)	»	1 (11)	»	1 (11)
Petit bidon de 2 litres avec courroie et enveloppe	»	»	1 (12)	»	1 (12)	»
de 1 litre	1	»	1	»	1	»
Sac à distribution (9)	»	1	»	1	»	1
Sachets à vivres	»	2	»	2	»	2
Seau en toile (V)	»	1	»	1	»	1
Armement. (V. renvoi B de la page précédente.)						
Carabine avec sabre-baïonnette	»	»	»	»	1 (8) (13)	»
Mousqueton avec sabre-baïonnette	»	»	»	»	»	»
Nécessaire d'armes	»	»	»	»	»	»
Revolver	1	»	1	»	1	»
Sabre baïonnette, série Z	»	»	»	»	»	»
Sabre modèle des adjudants	1	»	1	»	1 (14)	»
Munitions. (V. renvoi B de la page précédente.)						
Paquets de cartouches de carabine	»	»	»	»	»	»
Paquets de cartouches de mousqueton	»	»	6	»	7	»
Paquets de cartouches de revolver	2	1	2 (4)	1 (4)	2 (4) (13)	1 (4) (13)
Vivres (k). — 2 jours de :						
biscuit	»	1	»	1	»	1
petits vivres	»	1	»	1	»	1
viande de conserve (16)	»	1	»	1	»	1
portions de potage condensé	»	1	»	1	»	1
Paquet individuel de pansement (P)	1	»	1	»	1	»

OBSERVATIONS.

H. Sur l'homme.   P. Dans le paquetage.

(7) Pour les groupes appelés à opérer ensemble.

(8) Distribuées à raison d'une pour 8 hommes pour les groupes appelés à opérer ensemble.

(8 bis) Distribuées à raison d'une pour 4 hommes pour les groupes appelés à opérer ensemble.

(9) Pour 8 hommes.

(10) Pour 16 hommes.

(11) Pour les groupes isolés. Les ustensiles individuels ne seront pas remplacés par des ustensiles collectifs en cas de groupement ultérieur des fractions isolées.

(12) Pour les chasseurs forestiers et douaniers d'Algérie.

(13) L'autorité militaire sous les ordres de laquelle sont placées les unités de douaniers fixe, selon les opérations, l'arme et la quantité de cartouches à emporter.

(14) Pour les tambours.

(15) Ces sous-officiers reçoivent 18 cartouches de revolver.

(16) Une boîte pour 2 hommes.

(17) Pour les chefs et sous-chefs de gare.

(o) **Campement.** — Dans certains cas, les agents et sous-agents du service de la télégraphie militaire, ainsi que les troupes des chasseurs forestiers et des douaniers, sont pourvus de couvertures de campement et sacs tentes-abris avec accessoires. Les sous-officiers de la justice militaire reçoivent un nécessaire individuel de campement des magasins de l'État. — Le matériel de campement reconnu nécessaire au service de la trésorerie et des postes aux armées est fourni par le Ministre de la guerre, à charge de remboursement par le département des finances.

(x) **Vivres.** — Non compris 2 jours de pain; 2 jours de petits vivres emportés au départ au titre des vivres de débarquement. — Dans le cas où les sections de chemins de fer de campagne ne pourraient se procurer directement des vivres, les agents supérieurs et secondaires sont autorisés à percevoir dans les magasins de l'État, à charge de remboursement, les vivres et les denrées qui leur sont nécessaires.

(x) Les militaires, agents et employés désignés dans le présent tableau doivent toujours porter, en cas de guerre, un paquet individuel de pansement, placé dans la poche intérieure de la tunique, capote, vareuse, dolman ou jaquette, selon le cas.

Dispositions diverses. — La tenue dont la composition est indiquée ci-contre est prise dans toutes les réunions prescrites en temps de paix par l'autorité militaire. — Il est expressément interdit aux personnels des divers services ou corps de porter aux armées des effets bourgeois, ainsi que tout uniforme autre que celui spécifié dans le présent tableau. — Le Ministre de l'agriculture fixe l'uniforme du corps des chasseurs forestiers et assure l'habillement, la coiffure et le petit équipement des préposés. Le département de la guerre pourvoit au grand équipement, au campement et à l'armement. — Le Ministre des finances fixe l'uniforme du corps militaire des douanes et assure l'habillement, la coiffure et le grand équipement des préposés. Le département de la guerre pourvoit au campement et à l'armement. — Il n'existe pas d'adjudant dans les corps des chasseurs forestiers et des douanes.

Nota. — La présente décision est applicable aux militaires, agents et employés détachés en Afrique et qui sont appelés en Europe en cas de mobilisation.

PARIS. — IMPRIMERIE L. BAUDOIN, 2, RUE CHRISTINE.